高等职业教育工学结合系列教材·汽车类

汽车发动机电控系统构造与检修
（第 2 版）

主　编　王先耀
副主编　刘志君
参　编　吴雅莉　徐德亭　黄　刚　李伟艳

北京理工大学出版社
BEIJING INSTITUTE OF TECHNOLOGY PRESS

内容简介

本书主要介绍了发动机电控系统的构造、原理与检修。全书包括认识发动机电控系统、汽油机电控燃油喷射系统检修、发动机电控点火系统检修、怠速控制系统检修、发动机进气控制系统检修、汽油机排放控制系统检修、柴油机电控系统检修及汽车发动机电控系统故障诊断，共8个项目。

版权专有　侵权必究

图书在版编目（CIP）数据

汽车发动机电控系统构造与检修 / 王先耀主编. --
2 版. -- 北京：北京理工大学出版社，2021.10（2021.11 重印）
ISBN 978-7-5763-0519-7

Ⅰ.①汽… Ⅱ.①王… Ⅲ.①汽车–发动机–电子系统–控制系统–构造–高等职业教育–教材②汽车–发动机–电子系统–控制系统–检修–高等职业教育–教材
Ⅳ.① U464.03 ② U472.43

中国版本图书馆 CIP 数据核字（2021）第 211202 号

出版发行 / 北京理工大学出版社有限责任公司	
社　　址 / 北京市海淀区中关村南大街 5 号	
邮　　编 / 100081	
电　　话 /（010）68914775（总编室）	
（010）82562903（教材售后服务热线）	
（010）68944723（其他图书服务热线）	
网　　址 / http://www.bitpress.com.cn	
经　　销 / 全国各地新华书店	
印　　刷 / 三河市天利华印刷装订有限公司	
开　　本 / 787 毫米 ×1092 毫米　1 / 16	
印　　张 / 19.25	责任编辑 / 高雪梅
字　　数 / 372 千字	文案编辑 / 高雪梅
版　　次 / 2021 年 10 月第 2 版　2021 年 11 月第 2 次印刷	责任校对 / 周瑞红
定　　价 / 54.00 元	责任印制 / 李志强

图书出现印装质量问题，请拨打售后服务热线，本社负责调换

前 言

随着汽车技术的飞速发展，电子化、智能化等已经成为汽车发展的主要趋势，汽车技术越来越先进、复杂，这对汽车后市场从业人员提出了新的挑战和更高的要求。为使高等职业院校汽车专业的师生系统地掌握汽车发动机电控系统的构造、原理和故障检修方法，编者编写了这本教材。

本书在内容的选取上，突出当今主流轿车正普遍采用的发动机电控技术及先进的维修方法，摒弃已经过时的教学内容；在信息表达上，注重精美图片的选取及复杂问题简单化处理，并配以"互联网+"及配套教学资源。书中有大量的特别提示、知识链接、案例分析，尤其在关键节点附有二维码，让使用者能根据需要选取辅助或拓展教学资源。资源主要以动画、短视频及精美彩图的形式呈现，以适应当今的职业教育教学。本书还特别重视实用技能的提高，选取的实施项目均为主流车型的行业高频作业，以期能使读者举一反三。

本书采用项目式编写体系，对汽车发动机电控系统的教学内容进行了有机整合，按照引例导入、相关知识、项目实施、知识能力拓展及习题的形式进行编排。全书包括认识发动机电控系统、汽油机电控燃油喷射系统检修、发动机电控点火系统检修、怠速控制系统检修、发动机进气控制系统检修、汽油机排放控制系统检修、柴油机电控系统检修及汽车发动机电控系统故障诊断，共8个项目。

本书由湖北交通职业技术学院王先耀任主编（项目一、三、七），武汉软件工程学院刘志君任副主编（项目二），参加本书编写工作的还有武汉软件工程学院吴雅莉（项目六）、湖北交通职业技术学院李伟艳（项目四）、徐德亭（项目五）和黄刚（项目八）。编写中得到了曹登华、李远军、李洪亮、刘俊刚、江舸、姜松舟、包强、刘备、石维峰等人的大力的指导、支持及帮助，在此一并表示感谢。

在编写过程中，编者参考和借鉴了国内外大量资料，在此对相关资料的作者表示衷心的感谢。由于编写时间仓促，加之水平有限，书中难免存在错误和不妥之处，敬请广大读者批评指正。

编　者

目 录

项目一　认识发动机电控系统 …………………………………………… 001

1.1　相关知识 ……………………………………………………………… 002
1.1.1　发动机电控技术的发展历程 ……………………………………… 002
1.1.2　电控技术对发动机性能的影响 …………………………………… 003
1.1.3　发动机电控系统的基本组成及功用 ……………………………… 004
1.1.4　发动机电控系统的控制方式 ……………………………………… 011
1.1.5　电控技术在发动机上的应用 ……………………………………… 012
1.1.6　电控发动机的发展趋势 …………………………………………… 013

1.2　项目实施——在车上认识发动机电控系统 ………………………… 015
练习与思考 ………………………………………………………………… 020

项目二　汽油机电控燃油喷射系统检修 ………………………………… 022

2.1　相关知识 ……………………………………………………………… 023
2.1.1　汽油机电控燃油喷射系统概述 …………………………………… 023
2.1.2　空气供给系统 ……………………………………………………… 033
2.1.3　燃油供给系统 ……………………………………………………… 034
2.1.4　电子控制系统 ……………………………………………………… 041

2.2　项目实施 ……………………………………………………………… 054
2.2.1　节气门体检修 ……………………………………………………… 054
2.2.2　燃油供给系统检修 ………………………………………………… 056
2.2.3　空气流量传感器检修 ……………………………………………… 059

2.3　知识与能力拓展 ……………………………………………………… 061
2.3.1　汽油机缸内直喷技术 ……………………………………………… 061
2.3.2　发动机稀薄燃烧技术 ……………………………………………… 065
练习与思考 ………………………………………………………………… 068

项目三　发动机电控点火系统检修 … 070

3.1　相关知识 … 071
- 3.1.1　对点火系统的基本要求 … 071
- 3.1.2　电控点火系统的基本组成及工作原理 … 072
- 3.1.3　电控点火系统的类型 … 075
- 3.1.4　有分电器电控点火系统 … 075
- 3.1.5　无分电器电控点火系统 … 079
- 3.1.6　电控点火系统控制 … 085

3.2　项目实施 … 093
- 3.2.1　丰田 3SZ-FE 发动机直接点火系统的常规检测 … 093
- 3.2.2　大众 AJR 发动机无分电器双缸同时点火系统的检测 … 096

3.3　知识能力拓展——点火波形的识读与分析 … 100
练习与思考 … 105

项目四　怠速控制系统检修 … 107

4.1　相关知识 … 108
- 4.1.1　怠速控制系统概述 … 108
- 4.1.2　旁通空气式怠速控制系统 … 109
- 4.1.3　节气门直动式怠速控制系统 … 117
- 4.1.4　怠速控制的目标与主要内容 … 119

4.2　项目实施 … 122
- 4.2.1　怠速控制系统的就车检测 … 122
- 4.2.2　旁通空气式怠速控制阀的检修 … 123

4.3　知识与能力拓展——全电子节气门 … 126
练习与思考 … 131

项目五　发动机进气控制系统检修 … 133

5.1　相关知识 … 134
- 5.1.1　进气增压控制 … 134
- 5.1.2　可变气门配气相位和气门升程控制 … 145

5.2　项目实施 … 154
- 5.2.1　进气谐波增压系统的检修 … 154
- 5.2.2　废气涡轮增压系统的检修 … 156
- 5.2.3　可变气门正时及升程电子控制系统（VTEC）的检修 … 160

5.3 知识与能力拓展——宝马电子气门控制系统 …… 164
练习与思考 …… 166

项目六　汽油机排放控制系统检修 …… 169

6.1 相关知识 …… 170
 6.1.1 三元催化转化器与空燃比反馈控制系统 …… 170
 6.1.2 废气再循环控制系统 …… 180
 6.1.3 燃油蒸发排放控制系统 …… 183
 6.1.4 二次空气供给系统 …… 186
6.2 项目实施——桑塔纳 2000 GSi 型轿车氧传感器的检修 …… 189
6.3 国六排放标准简介 …… 192
练习与思考 …… 196

项目七　柴油机电控系统检修 …… 198

7.1 相关知识 …… 199
 7.1.1 柴油机电控系统概述 …… 199
 7.1.2 电控泵喷嘴 …… 207
 7.1.3 电控单体泵 …… 217
 7.1.4 电控高压共轨系统 …… 227
 7.1.5 电控柴油机故障诊断 …… 243
7.2 项目实施 …… 247
 7.2.1 电子油门踏板检修 …… 247
 7.2.2 喷油器检修 …… 249
 7.2.3 高压油泵检修 …… 250
7.3 知识与能力拓展——博世高压共轨柴油机 ECU 的控制策略 …… 252
练习与思考 …… 257

项目八　汽车发动机电控系统故障诊断 …… 259

8.1 相关知识 …… 260
 8.1.1 发动机电控系统故障诊断基础 …… 260
 8.1.2 电控系统故障诊断的原则 …… 270
 8.1.3 电控系统故障诊断的基本方法 …… 271
 8.1.4 电控系统故障的诊断流程 …… 274
 8.1.5 常用诊断工具 …… 274

8.2 项目实施 ·· 283
    8.2.1 故障码的读取与清除 ··· 283
    8.2.2 标准诊断流程 ·· 285
8.3 知识与能力拓展 ··· 286
    8.3.1 起动困难的故障诊断程序 ·································· 286
    8.3.2 怠速不稳的故障诊断程序 ·································· 287
    8.3.3 混合气过稀的故障诊断程序 ······························ 290
    8.3.4 混合气过浓的故障诊断程序 ······························ 291
练习与思考 ·· 295

参考文献 ·· 297

项目一 认识发动机电控系统

学习目标

（1）了解发动机电控技术的发展历程和发展趋势。
（2）掌握发动机电控系统的基本组成及各部分的功用。
（3）知晓现代汽车发动机装配的典型传感器、执行器的种类。
（4）能够找出并识别发动机电控系统的主要传感器、执行器、ECU部件。

学习要求

能力目标	知识要点	权重
了解电控发动机的发展历程，对发动机电控技术的发展趋势有初步的认识	发动机电控技术发展史的重要事件及时间；发动机电控技术的发展趋势	15%
熟悉发动机电控系统的组成	传感器、执行器和电控单元的组成	20%
熟悉各主要传感器、执行器及电控单元的功用	各传感器的功用，电控单元的基本工作原理，执行器的功用	40%
能迅速找出主要传感器、执行器的安装位置	各传感器、执行器及电控单元在车上的布置规律	20%
知晓发动机上的典型电控系统	发动机电控子系统的种类	5%

引 例

一辆行驶里程为 56 000 km 的丰田卡罗拉轿车，近期发现仪表板上发动机故障灯点亮，丰田4S店检测人员发现空气流量传感器、氧传感器及EGR阀等多个发动机传感器及执行器有故障码。现需要对出现故障码的传感器、执行器进行实车检测，你能找到它们在车上的位置吗？

1.1 相关知识

1.1.1 发动机电控技术的发展历程

随着汽车电子技术的飞速发展以及能源紧缺、交通安全,尤其是汽车排放、环境保护等问题日益突出,汽车发动机技术不断改进提高,其发展历程主要经历了以下几个阶段。

1952 年,德国博世(Bosch)公司成功研制了第一台机械控制燃油喷射式发动机,燃油直接喷入气缸内,装配在戴姆勒 – 奔驰 300L 型赛车上。

1953 年,美国本迪克斯(Bendix)公司开始研制由真空管电子控制系统控制的燃油喷射装置,并在 1957 年研制成功。该系统根据进气压力,由设在各个节气门前的喷油器与进气行程同步喷油,但是该专利技术并未被推广应用。

1958 年,德国博世公司成功研制了机械控制进气歧管连续喷射燃油机,即机械式燃油喷射系统。空燃比采用机械式油量分配器进行调节,装配在梅赛德斯 – 奔驰 220S 型轿车上。

1967 年,德国博世公司根据美国本迪克斯公司的专利技术,开始批量生产利用进气歧管绝对压力信号和模拟计算机来控制发动机空燃比的 D 型燃油喷射系统(D-Jetrinc),装配在奔驰 280SE 型轿车和德国大众汽车公司生产的 VW-1600 型轿车上,这款燃油喷射系统率先达到了当时美国加利福尼亚州的排放法规要求。D 型燃油喷射系统采用电子电路控制喷油器的开启时间,以进行喷油量控制,开创了汽油发动机电子控制燃油喷射技术的新纪元。

1973 年,德国博世公司在 D 型燃油喷射系统的基础上,研制出了 L 型燃油喷射系统(L-Jetrinc)。L 型燃油喷射系统采用翼片式空气流量传感器检测发动机的进气量(体积型)以进行空燃比的配制,与利用进气歧管绝对压力信号间接检测的 D 型燃油喷射系统相比,检测精度大大提高。但该系统由于翼片式空气流量传感器的计量板对加速灵敏性反应迟缓、控制性能会受磨损影响和安装性差而被淘汰。

1976 年,美国克莱斯勒(Chrysler)汽车公司成功研制了微机控制点火系统,取名为"电子式稀混合气燃烧系统(ELBS)"。该系统由模拟计算机对点火进行控制,根据大气压力、进气温度、发动机冷却液温度、发动机负荷与转速等信号计算出最佳的点火时刻,通过控制 200 多个参数,对实际点火提前角进行最佳控制。

1977 年,美国通用汽车公司开始采用微机控制点火系统,装配在奥斯莫比尔牌特罗纳德轿车上。该系由中央处理器(CPU)、存储器(RAM、ROM)和模/数(A/D)转换器等组成,是一种真正的计算机控制系统。1978 年,美国通用汽车公司成功研制了可同时进行点火控制、空燃比反馈控制、废气再循环控制、怠速控制、故障自诊断和带故障运行控制功能的电子控制系统。

1979年，德国博世公司在L-Jetrnic系统的基础上，将电控点火和电控燃油喷射组合在一起，采用数字计算机进行控制，并开发出M-Motronic系统，即发动机集中管理系统。发动机集中管理系统将所有发动机的运行控制功能和管理功能集中到一个微机上，消除了以前的单一控制系统按功能设置控制单元和传感器的弊端。不但降低了制造成本，而且提高了控制系统的工作可靠性。

1979年，日本日产（Nissan）汽车公司成功研制了集点火控制、空燃比控制、废气再循环控制和怠速控制于一体的发动机集中控制系统（ECCS），该系统具有自诊断功能，装配在公子牌和光荣牌轿车上。

1980年，日本丰田（Toyota）公司开发出了具有燃油喷射控制、点火控制、怠速控制和故障自诊断功能的丰田计算机控制系统（TCCS）。同年，三菱（Mitsubishi）汽车公司成功研制了采用卡尔曼涡旋式空气流量传感器的电子控制燃油喷射系统（ECI）。

1981年，博世公司在L-Jetrnic系统的基础上，开发出了新颖的热线式空气流量传感器，能直接检测进入发动机的空气的质量和流量。该传感器及其后来的改进版至今被广泛采用。

20世纪90年代之后，为了满足更加严格的排放指标，世界各主要汽车公司除了逐步增加发动机集中管理系统的控制功能之外，还加大了能满足未来法规要求的其他技术的开发力度，尤其是缸内直喷技术。例如，日本三菱公司的GDI系统、大众/奥迪集团研制出的FSI缸内直喷系统、凯迪拉克的SIDI双模直喷发动机、奔驰的CGI直喷发动机、马自达的DISI直喷系统及博世公司的MED-Motronic系统等所使用的缸内直喷技术。

我国在轿车电子控制燃油喷射技术应用方面起步较晚。1994年，上汽大众推出了采用D-Jetrnic电控燃油喷射系统的桑塔纳2000型轿车。2000年，我国政府规定：5人座以下的化油器式发动机汽车自2001年1月1日起停止生产。之后，电控燃油喷射发动机得到快速发展。目前，我国中外合资轿车装配的发动机基本与国际先进技术同步，国产轿车装配的发动机正在迅速缩小与世界先进技术的差距。

1.1.2 电控技术对发动机性能的影响

1. 提高发动机的动力性

在电控汽油发动机上，由于采用了电控燃油喷射系统和进气控制系统等，减小了进气阻力、提高了充气效率，且始终以最佳的喷油量运行，因此使得进入气缸中的空气得到充分的利用，从而提高了发动机的动力性。

2．提高发动机的燃油经济性

电控系统能精确控制发动机在各种运行工况下所需的混合气浓度，使燃油燃烧得更为充分，极大地提高了发动机的燃油利用效率。

3．降低排放污染

通过电控系统对发动机在各种运行工况下的优化控制，从而提高燃料的燃烧质量。同时各种排放控制系统在汽车上的应用，都使发动机的尾气污染大大减少。

4．提高发动机的加速和减速性能

由于电子控制单元（ECU）的运行速度非常快，控制系统在加速或减速运行的过渡工况下能够迅速响应，从而提高了发动机的加速和减速性能。

5．改善发动机的低温起动性能

在发动机起动和暖机过程中，电子控制系统能根据发动机的温度变化，对进气量和供油量进行精确控制，从而保证发动机顺利起动并平稳通过暖机过程，可明显改善发动机的低温起动性能。

1.1.3 发动机电控系统的基本组成及功用

发动机电控系统由传感器、ECU 和执行器组成，如图 1-1 所示。

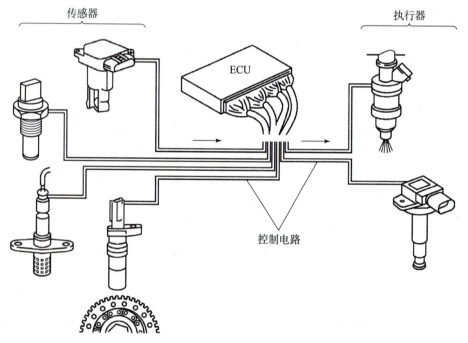

图 1-1 发动机电控系统的基本组成

传感器的功用是采集各种信息。ECU 的功用是分析处理传感器采集到的各种信号并向执行器发出控制指令。执行器的功用是根据所接收的指令完成具体的操作动作。

安装在发动机不同部位上的各种传感器,测得发动机的转速、进气量、节气门开度、冷却液温度、进气温度等运转参数以及发动机的工作情况和汽车运行状况的信号,将它们转换成 ECU 可以识别的电信号后传送给 ECU,ECU 进行运算和处理,按 ECU 内设定的程序进行分析、判断和计算,并根据计算结果向喷油器、电动燃油泵、点火器、怠速控制阀等执行器发出指令信号,控制发动机各系统的工作。图 1-2 为发动机电控系统工作原理的方框图。

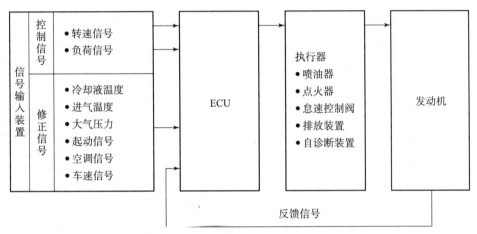

图 1-2 发动机电控系统工作原理的方框图

ECU 是发动机电控系统的核心部件,它实际上是一微型计算机,一方面给各传感器提供基准电压,并从传感器接收发动机的工作信号;另一方面完成对这些信号的计算与处理,并发出相应指令来控制执行器的动作。形象地说,ECU 好比是发动机的"大脑",各种传感器则是发动机的"眼睛和耳朵",执行器就是发动机的"手和脚"。

资源 1-1 发动机电控系统的组成

1. 传感器

(1)空气流量传感器(AFS)。空气流量传感器测量发动机的进气量,并将信号输入 ECU,作为燃油喷射和点火控制的主控制信号。空气流量传感器一般安装在发动机的节气门与空气滤清器之间的进气管中。

(2)进气管绝对压力传感器(MAP)。进气管绝对压力传感器根据发动机的负荷状况,测出节气门后方的进气歧管中绝对压力的变化,并将其转换成电压信号送到 ECU,与转速信号一起作为确定基本喷油量和基本点火提前角的依据。进气管绝对压力传感器一般安装在节气门后的进气管上。

（3）节气门位置传感器（TPS）。节气门位置传感器检测节气门的开度（负荷）、开度变化以及节气门开闭的速率（单位时间内开闭的角度）信号，将此信号输入 ECU，用于燃油喷射控制及其他辅助控制。节气门位置传感器安装在节气门体上。

（4）曲轴位置传感器（CKPS）。曲轴位置传感器用于检测曲轴转速和转角，并将信息输入 ECU，ECU 根据该信号对点火正时和喷油进行控制。曲轴位置传感器通常安装在曲轴上、凸轮轴上、飞轮上或分电器内。

（5）凸轮轴位置传感器（CMPS）。凸轮轴位置传感器用来向 ECU 提供曲轴转角基准位置信号，作为供油正时控制和点火正时控制的主控制信号。凸轮轴位置传感器通常安装在分电器或凸轮轴上。

（6）冷却液温度传感器（ECTS）。冷却液温度传感器给 ECU 提供发动机的冷却液温度信号，作为燃油喷射控制和其他发动机控制的修正信号。冷却液温度传感器安装在发动机气缸上或缸盖冷却液的通道上。

（7）进气温度传感器（IATS）。进气温度传感器用来检测进气温度，并输入给 ECU，作为燃油喷射控制和点火控制的修正信号。进气温度传感器可独立安装于进气道上，也可与空气流量传感器、进气管绝对压力传感器组成为一体，安装在节气门前或节气门后。

（8）氧传感器（O_2S）。氧传感器用来检测汽车排气中的氧含量，向 ECU 输送空燃比的反馈信号，进行喷油量的闭环控制。氧传感器通常安装在排气总管上。

（9）爆震传感器（KS）。爆震传感器用来检测汽油机是否爆震及爆震强度，将此信号输入 ECU，ECU 根据该信号对点火正时进行修正，推迟点火以防止发动机爆震。爆震传感器通常安装在发动机气缸体的中上部或火花塞上。

（10）车速传感器（VSS）。车速传感器检测汽车的行驶速度，给 ECU 提供车速信号（SPD 信号），用于巡航控制或其他发动机修正控制，也是自动变速器的主控制信号。车速传感器通常安装在变速器输出轴上或集成在 ECU 内。

（11）起动开关（STA）。发动机起动时，通过起动开关给 ECU 提供一个起动信号，作为燃油喷射控制和点火控制的修正信号。

资源 1-2　空气流量传感器

资源 1-3　节气门位置传感器

资源 1-4　曲轴位置传感器

资源 1-5　凸轮轴位置传感器

资源 1-6　冷却液温度传感器

（12）空调开关（A/C）。空调开关用来检测空调压缩机能否工作。ECU 根据空调开关信号控制发动机怠速时的点火提前角、怠速转速等，以此作为燃油喷射控制和点火控制的修正信号。

（13）挡位开关。当自动变速器由 P/N（停车或空挡）挡位挂入其他挡位时，发动机负荷将增加，挡位开关向 ECU 输入信号，作为发动机控制的修正信号。

资源 1-7　进气温度传感器

（14）制动灯开关。在制动时，制动灯开关向 ECU 提供制动信号，作为发动机控制的修正信号。

（15）动力转向开关。采用动力转向装置的汽车，当转向盘由中间位置向左、右转动时，由于动力转向油泵工作而使发动机负荷增大，此时动力转向开关向 ECU 输入信号，作为发动机控制的修正信号。

资源 1-8　氧传感器

（16）巡航（定速）控制开关。当进入巡航控制状态时，巡航控制开关向 ECU 输入巡航控制状态信号，由 ECU 对车速进行自动控制。

特别提示：注意主要传感器的功用及其在车上的安装位置。

2．电子控制单元（ECU）

（1）ECU 的功能。ECU 给传感器提供参考（基准）电压（2、5、9、12 V）；接收传感器或其他装置输入的信息，将输入的信息转变为微型计算机（微机）所能接受的信号；存储分析计算所用的程序、车型的特点参数、运算中的数据及故障信息；运算分析，即根据信息参数算出执行命令并输出给执行器；将输出的信息与标准值对比，查出故障并输出故障信息；自我修正（自适应功能）。

资源 1-9　爆震传感器

在发动机控制系统中，ECU 不仅用来控制燃油喷射系统，还具有点火提前角控制、怠速控制、进气控制、排放控制、自诊断、失效保护和备用控制等多项控制功用。

由于使用微型计算机，与以往的模拟电路控制相比，信号处理的速度和容量大大提高，因此，可以实现多功能的高精度集中控制。

（2）ECU 的硬件。ECU 是发动机电控系统的核心，由微处理器 CPU、存储器（ROM、RAM）、输入/输出口和总线等部分组成，如图 1-3 所示。

发动机 ECU 的功能如图 1-4 所示，从传感器来的信号，首先进入输入回路。在输入回路里，对输入信号进行预处理，一般是在去除杂波和把正弦波变为矩形波后，再转换成输入电平。对于微机不能直接处理的模拟信号，A/D 转换器将其转换为数字信号后再输入微机。如果传感器输出的是脉冲（数字）信号，则信号经过输入回路处理后可以直接进入微机。微机能根据需要，把各种传感器送来的信号，按内存的程序对数据进行运算处理，并把处理结果送至输出回路。输出回路将微机发出的指令转变成控制信号，来驱动执行器工作。输出回路一般起着控制信号的生成和放大等作用。

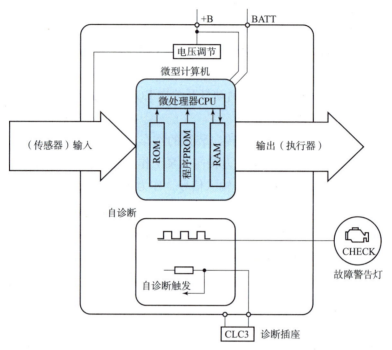

图 1-3　发动机 ECU 的硬件组成

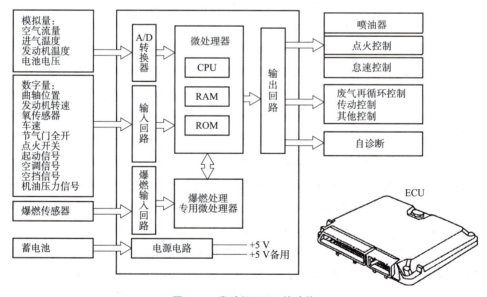

图 1-4　发动机 ECU 的功能

为实现发动机在各种工况及运行条件下最佳的综合性能，电控系统必须以相应的最佳控制参数（如最佳喷油脉宽和最佳点火提前角）控制发动机在最佳运行状况下运转，这些控制参数的最佳数据预先全部存储在只读存储器（ROM）中。

（3）ECU的软件。ECU的软件是确保发动机正常运转的重要部分，起着控制、决策的作用。软件包括主控程序和数据两部分。主控程序的任务是完成整个系统的初始化、实现系统的工作时序和控制模式的设定，也是常用工况及其他各工况模式下喷油信号和点火信号的输出程序。

资源1-10 发动机ECU

（4）工作过程。发动机起动时，ECU进入工作状态，某些程序从ROM中输出进入CPU。这些程序可以用来控制点火时刻、燃油喷射和怠速等。通过CPU的控制，指令逐条地循环执行。执行程序中所需要的发动机信息来自各个传感器。从传感器来的信号，首先进入输入回路进行处理。如果是数字信号，就直接经I/O接口进入微机；如果是模拟信号，就经A/D转换器转换成数字信号后，再经I/O接口进入微机。大多数信息暂时存储在RAM内，根据指令再从RAM送到CPU。有时需将存储在ROM中的参考数据引入CPU，使输入传感器的信息与之进行对比（对来自有关传感器的每一个信息依次取样，并与参考数据进行比较）。CPU对这些数据进行比较运算后，做出决定并发出输出指令信号，送达I/O接口，必要的信号还要经D/A转换器变成模拟信号，最后经输出回路去控制执行器动作。

3．执行器

执行器是接收ECU的控制指令来完成具体的控制动作，并具体执行某项控制功能的装置。发动机控制系统中主要的执行器及其功能描述如下。

（1）电动燃油泵：供给燃油喷射系统规定压力的燃油。

（2）喷油器：根据ECU的喷油脉冲信号，精确计量燃油喷射量。

（3）点火控制器：又称为点火模块，是微机控制点火系统的功率输出级，它接收ECU输出的点火控制信号并进行功率放大，以便驱动点火线圈工作。

（4）怠速控制阀：根据发动机的负荷情况，控制发动机的怠速转速。

资源1-11 电动燃油泵

（5）活性炭罐：根据ECU的控制指令信号，回收发动机内部的燃油蒸气，从而减少排气污染。

另外还有巡航控制电磁阀、节气门控制电动机、EGR阀、进气控制阀、二次空气喷射阀、燃油泵继电器、风扇继电器、空调压缩继电器、自诊断显示与报警装置、仪表显示器等。

图1-5为典型的汽油发动机电控系统的组成。图1-6为桑塔纳2000CSi轿车AJR型发动机M3.8.2电控系统控制部件的组成。

资源1-12 喷油器

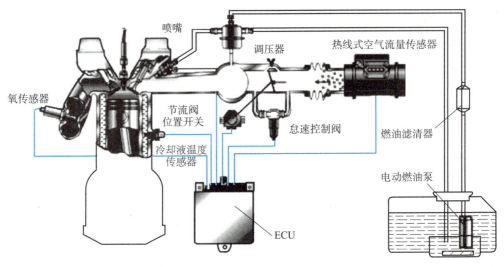

图 1-5 典型的汽油发动机电控系统的组成

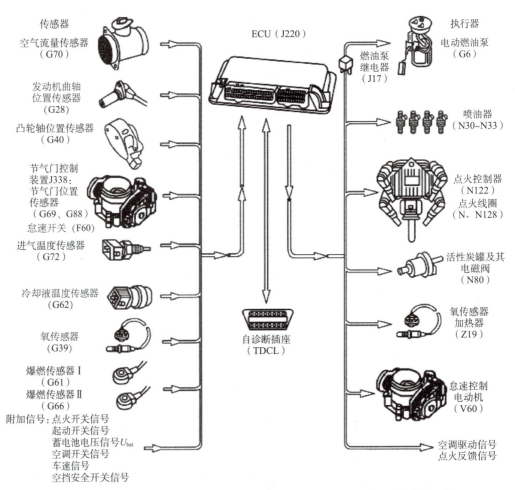

图 1-6 桑塔纳 2000CSi 轿车 AJR 型发动机 M3.8.2 电控系统控制部件的组成

1.1.4　发动机电控系统的控制方式

发动机电控系统的控制方式主要有开环控制和闭环控制。

1．开环控制

发动机工作时，ECU根据传感器的信号对执行器进行控制，而无法分析控制的结果（如燃烧是否完全、怠速是否稳定、是否有爆震发生等）是否达到预期目标，控制的结果对控制过程没有影响，这种控制方式称为开环控制。开环控制的特点是在控制器与被控对象之间只有正向控制作用而没有反馈控制作用。

资源1-13　发动机电控系统的组成

开环控制示意图如图1-7所示。

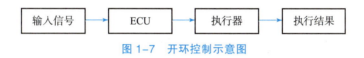

图1-7　开环控制示意图

开环控制方式要达到精确控制，其控制系统的ROM中必须预先存储发动机可能遇到的各种工况，以及运行条件所需的控制参数的精确调整数据，这样才能保证输出的控制信号能产生预期的发动机响应。而控制数据一旦存入ECU的ROM中，就不再变动。

开环控制系统调整空燃比和点火提前角的准确程度受到发动机技术状况和控制程序及数据的限制。另外，开环控制系统无法一一兼顾影响空燃比和点火提前角的其他控制参数，因此很难达到精确的控制。

2．闭环控制

闭环控制实质上就是反馈控制。在开环控制的基础上，闭环控制系统根据实际检测到的开环控制结果的反馈信号，来决定增减输出控制量的大小。闭环控制示意图如图1-8所示。闭环控制的特点是：在控制器与被控对象之间不仅存在着正向作用，而且存在着反馈作用，即系统的输出量对控制量有直接影响。发动机电控系统中，空燃比和爆震控制就是典型的闭环控制。

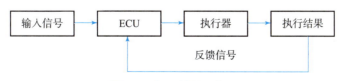

图1-8　闭环控制示意图

喷油量控制由计算机根据氧传感器输出的氧浓度信号来判断进入气缸中的可燃混合气的浓度（空燃比）是否合适，从而修正燃油供给量，使混合气空燃比保持在理想状态。

点火时刻的闭环控制是采用爆震传感器检测发动机是否产生爆震作为反馈信号，从而决定点火时刻是应提前还是推迟，使实际点火时刻能贴近爆震界限曲线的变化。

由于开环控制和闭环控制各有其特点，现代发动机电控系统大多同时采用开环控制和闭环控制两种控制方式。开环控制作为基本控制手段，而闭环控制作为精确控制手段，根据发动机工作需要，相互转换、协调工作。

特别提示：闭环控制是将运行结果送至传感器检测并记录下来，同时将此信号反馈给ECU，ECU再做修正控制，它主要用于比较重要的、需要精确控制的地方。

1.1.5 电控技术在发动机上的应用

应用在汽油发动机上的电控系统有很多种，下面介绍主要的几种。

1．电控燃油喷射系统（EFI）

EFI的电控单元主要根据空气流量传感器提供的进气量信号及曲轴位置传感器测得的发动机转速信号确定基本的喷油量，再根据其他传感器（如冷却液温度传感器、节气门位置传感器等）的信号对喷油量进行修正，使发动机在各种工况下的空燃比都能达到较佳值，同时在各种运行工况下均能获得最佳浓度的混合气，从而实现提高功率、降低油耗、减少排气污染等功效。

资源1—14　闭环控制

2．电控点火系统（ESA）

ESA的主要功能是控制点火提前角、通电时间及爆震。ESA主要根据发动机转速、负荷信号，再结合其他各相关传感器信号，判断发动机的运行工况和运行条件，选择最理想的点火提前角点燃混合气，使其点火能量充足，有效地进行爆震控制，从而改善发动机的燃烧过程，使发动机输出最大的功率和转矩，同时将油耗和排放降到最低限度。

3．怠速控制系统（ISC）

ISC在发动机怠速工况下，根据发动机冷却液温度、空调压缩机是否工作、变速器是否挂入挡位等信号，通过怠速控制阀对发动机的进气量进行控制，使发动机随时以最佳怠速转速运转。

4．排放控制系统

排放控制系统主要是对发动机排放控制装置的工作实行电子控制，主要包括汽油蒸气排放（EVAP）控制系统、废气再循环（EGR）控制系统、氧传感器及三元催化转化（TWC）控制系统、二次空气喷射控制系统等。

5．进气控制系统

进气控制系统根据发动机转速和负荷的变化，对发动机的进气进行控制，以提高发动机的充气效率,从而改善发动机的动力性,主要包括谐波进气增压系统(ACIS)、废气涡轮增压系统、可变气门正时系统、电子控制节气门系统(ETCS)等。

6. 增压控制系统

在装有废气涡轮增压装置的汽车上,发动机 ECU 根据发动机负荷等信号,对进气增压装置进行控制,从而控制增压装置对进气增压的强度,提高发动机的功率。

7. 巡航控制系统

在装配有巡航控制系统的车辆上,发动机 ECU 根据汽车运行工况和运行环境信息,自动控制发动机工作,使汽车自动维持在驾驶员设定的目标车速行驶。

8. 自诊断与报警系统

由 ECU 控制各种指示和报警装置,一旦控制系统出现故障,自诊断与报警系统能及时发出信号以警告、提示。同时,该系统将故障信息以设定的数码(故障码)形式储存在存储器中,以便帮助维修人员确定故障类型和范围。

9. 失效保护系统

当传感器或传感器线路发生故障时,失效保护系统自动按 ECU 中预先设定的参考信号值工作,使发动机能继续运转以便能尽快送到维修站检修,但发动机的性能会有所下降。

10. 应急备用系统

当 ECU 发生故障时,应急备用系统(备用集成电路)自动启用,并按设定的信号控制发动机进入强制运转状态,以防车辆在途中抛锚。

1.1.6 电控发动机的发展趋势

1. 发动机电控技术方面

随着数字化与信息化的深入发展,特别是在汽车燃油性能、环保性能与安全性能要求不断提升的驱动下,电子控制技术在发动机中的应用得到大幅度的提高,其发挥的作用也越来越明显。主要表现如下。

(1)电控技术趋于微处理化。随着电子技术的迅猛发展,电子集成化程度得到空前提升,许多功能的实现都是通过微型计算机进行的。当今的微处理器体积小、集成度高,并能实现复杂控制。

(2)集成电控技术的发展。汽车电控的发展方向是集成控制,将发动机管理系统和自动变速器集成为动力传动系统的综合控制系统,以及车辆动态集合管理系统和集成安全系统等。它们均通过微处理器的复杂控制运算对各子系统进行协调,将车辆的动力、操控、行驶和安全性能控制在最佳水平。

（3）电控技术与传感器的结合更趋于紧密。汽车自动化和智能化程度需求的不断提升，必然要求在发动机的很多部件上布设更加丰富的传感器，由此要求电控技术与传感器的结合必须更加紧密，以满足发动机日益提升的强大功能及智能化要求。

（4）车载网络化。随着传感器、执行器及ECU在车上应用的越来越广、装配数量越来越多，车载计算机间的数据通信量变大、变得越来越重要。车载网络数据总线的应用可以实现大量数据的快速交换，同时还大大减少了布线及故障点。作为车载网络系统的重要部分——发动机电控子系统，其一方面作为一个相对独立的电控系统，在运行过程中也为其他车载系统提供所需的数据，同时也从总线上获取其他系统的信息和数据，从而实现高可靠性及低成本的汽车电子车载网络系统。

（5）线控技术的发展。线控技术的应用将使汽车的机械结构发生重大的变革，使汽车的操控系统向电子化和电动化发展。它用导线代替原来的机械传动机构，如发动机的电子油门。在线控系统中，操纵装置与执行器之间是靠电信号联系而非机械连接，驾驶员的操纵力由传感器转换成一个电信号，并将此信号传递给ECU，再由ECU结合其他数据向执行机构发出指令来完成操作。

2．发动机电控技术运用方面

（1）汽油机缸内直喷（GDI）技术。汽油机缸内直喷技术就是将燃油通过高压（约100个大气压）供油系统将燃油直接喷到燃烧室内与空气混合、燃烧。与传统的汽油机相比，汽油机缸内直喷技术有几个显著的优点：能有效降低发动机的未燃碳氢化合物的排放，因为汽油机缸内直喷技术提高了燃油与空气的混合程度，可以精确地控制每个燃烧循环的空气与燃油的比例，使燃油可以完全燃烧；因为燃油的蒸发降低了充气的温度，可以尽可能地设计发动机高压缩比，提高热效率；汽油机缸内直喷技术使发动机能很容易地实现分层燃烧。

（2）绿色环保电控柴油机。汽车总量的增长也带来了许多问题：交通拥挤、空气污染、健康威胁、气候变暖等。因此，很多的汽车企业和专业研究机构都在对发动机的动力性和经济性做大量的实验和研究，以期研发出理想的发动机，减少发动机对环境的污染。他们的研究主要有：减少发动机运动过程中的机械损失，提高动力性；通过研究发动机的燃烧模型，设计充量燃烧的燃烧室；控制发动机的燃烧过程，以期充分燃烧，减少污染；寻找新的清洁能源和代用燃料，降低排放。现代绿色柴油发动机已经成为目前实现节能环保的最现实的途径之一，和主流的汽油发动机相比，它拥有出色的节能性、低排放性和动力性。实验数据表明，柴油机的燃烧效率可达45%，而汽油机的燃烧效率仅为35%左右。实践证明，同排量的绿色柴油机比汽油机节油30%～35%；与传统的柴油发动机相比，又有着出色的舒适性和环保性，成为时尚汽车的潮流之选。

（3）废气涡轮增压发动机。废气涡轮增压发动机依靠涡轮增压器增加发动机的进气量,从而增加发动机的输出功率,其最大的优点是不增加排量,就能大幅提升发动机的功率和扭矩,提高燃油经济性并降低尾气排放。使用涡轮增压技术可以帮助汽油车辆和柴油车辆在不降低性能的前提下分别节油20%和40%。经过多年的研究,解决了汽油机的爆震和匹配问题后,汽油机的废气涡轮增压技术已经应用到了实际当中,装配率也将越来越高。涡轮增压发动机在实现节能的同时,又降低了排放和燃油消耗,已获得了各个国家的认可。在欧美国家,越来越严格的排放法规和人们对节能认识的加深,使得高效率、低排放车用发动机技术的开发受到了高度重视,从而促使传统的内燃机技术不断创新,如汽油机直喷技术、可变气门定时技术、可变进气管、燃烧速率控制滑片、可变排量技术、高压共轨直喷柴油机等。对于直喷式柴油机的巨大需求又大大推动了涡轮增压器技术进步的进程。特别是在欧洲及北美地区,由于加大了对于多用途车及轻型载货车的排放限制,因此各国的涡轮增压器制造商不计成本地追求更加先进的涡轮增压技术。

(4)电控高压共轨燃油喷射。"共轨"是通过公共供油管同时供给各个喷油嘴,喷油量经过ECU精确的计算,同时向各个喷油嘴提供同样质量、同样压力的燃油,使发动机运转更加平顺,从而优化发动机的综合性能。电控高压共轨燃油喷射系统是全新一代的燃油控制系统,它的主要特点是燃油压力与发动机的转速、负荷无关,具有独立控制燃油压力的蓄压器,直接由电子计算机控制各缸电控喷油器来计算合适的喷油量、喷油时刻等;可使燃油充分雾化,使各缸的燃油和空气混合达到最佳,从而降低排放,提高整机(车)性能。

(5)新能源汽车发动机。随着世界各国环境保护的措施越来越严格,替代燃油发动机汽车的方案也越来越多,而新能源汽车无疑将成为未来汽车的发展方向。新能源汽车包括混合动力汽车、纯电动汽车、燃料电池汽车、氢能源动力汽车和太阳能汽车等,其废气排放量比较低,符合节能环保的要求。生物燃料、燃料电池在石油的替代中将发挥重要的作用。燃气汽车、生物燃料汽车等新能源汽车将迅猛发展。

1.2 项目实施——在车上认识发动机电控系统

通过本项目的实施,可以正确认识发动机电控系统中各传感器、执行器、ECU及其安装位置,同时进一步熟悉各电控元(器)件的功用和基本工作原理。

1. 项目实施准备

丰田卡罗拉车型(或其他车型)1辆,或电控发动机台架1部;举升机1台;丰田专用工具1套;通用工具1~2套;发动机舱防护罩一套;"三件套"(座椅套、转向盘套、脚垫)1套;学生必须着工装、穿工鞋。

2．项目实施步骤

（1）打开车门，铺好"三件套"，拉动发动机舱盖手柄。

（2）打开发动机舱盖，铺好发动机舱防护罩，拆下发动机护板。

特别提示： 让学生养成维修保养之前必须先要铺好"三件套"及发动机舱防护罩的好习惯。

（3）找出从空气滤清器、进气管一直到进气歧管，中间包含了哪些电子控制元器件并观察其结构及布置。

（4）找出空气流量传感器（或进气压力传感器）、节气门及节气门位置传感器、凸轮轴位置传感器、冷却液温度传感器、爆震传感器，并观察其各自的位置。

（5）找出各喷油器、怠速控制阀、点火模块（或点火线圈与点火模块的合成体），并观察其各自的位置。

特别提示： 在点火开关打开的情况下，不要随意将电控系统的电插头拔下，尤其是带有线圈的电子元器件。

（6）找出发动机舱内（或驾驶室仪表板下方）的配电盒（或称继电器盒），打开盖板，观察各继电器、熔断丝的位置。

（7）找出发动机舱内（或驾驶室仪表板下方）的发动机ECU，观察其安装位置。

（8）打开汽车行李舱，拆下行李舱底部的燃油箱盖板，观察燃油箱并从燃油箱中取出电动燃油泵。

特别提示： 不可拆卸燃油管及其接头，以免系统中的余压使燃油溅出而出现安全隐患。

（9）按照举升机的操作要求，采取相应的安全防护措施，用举升机举起汽车。

特别提示： 举升前检查4个垫块是否位置正确，检查时严禁让学生按动举升机操作按钮，同时注意在车辆在上升过程中，让所有学生保持足够的安全距离。

（10）从汽车底部找出曲轴位置传感器、氧传感器，并观察其各自的位置。

（11）按照相反的顺序将汽车及举升机复位，并检查复位状况是否良好。

3．项目实施要点

1）各传感器的具体位置

（1）空气流量传感器——空气滤清器后、节气门前的进气管中。

（2）曲轴位置传感器——曲轴前端、飞轮后，或曲轴后端、飞轮前。

（3）凸轮轴位置传感器——凸轮轴前端或后端。

（4）进气管绝对压力传感器——节气门后的进气管上。

（5）节气门位置传感器——节气门轴的一端。

（6）冷却液温度传感器——缸盖冷却液的通道上。

（7）爆震传感器——气缸一侧或缸盖表面。

（8）氧传感器——排气总管上。

需要说明的是，空气流量传感器和进气压力传感器可以二者用其一，采用空气流量传感器的电控发动机称为 L 型（流量型）电控发动机，采用进气压力传感器的电控发动机称为 D 型（压力型）电控发动机，当然很多现代汽车的发动机同时安装了这两种传感器。

2）各执行器、继电器盒及 ECU 的具体位置

（1）喷油器——各缸进气门前的进气歧管上，喷嘴正对进气门。

（2）点火模块（或称点火控制器）——位置灵活，可在发动机舱内某位置独立安装，也可在发动机体上安装，甚至与点火线圈制成一体。

（3）怠速阀（又称怠速控制阀）——一般在节气门体的旁通气道上。

（4）EGR 阀——发动机排气管与进气管之间专设的通道上。

（5）炭罐电磁阀——与炭罐相连，装在发动机进气管附近。

（6）电动燃油泵——一般在燃油箱内部。

（7）各种继电器——包括油泵继电器、电源继电器等，一般位于发动机舱或驾驶室仪表板下方的配电盒（或继电器盒）内。

（8）ECU——一般位于发动机舱内或驾驶室仪表板的下方。

丰田卡罗拉轿车发动机电控系统传感器及部分执行器在发动机上的位置如图 1-9 所示，ECU、电动燃油泵、继电器盒的位置如图 1-10 所示。

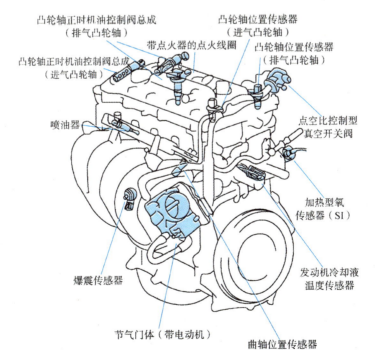

图 1-9　丰田卡罗拉（1ZR-FE）发动机电控系统传感器及部分执行器的位置

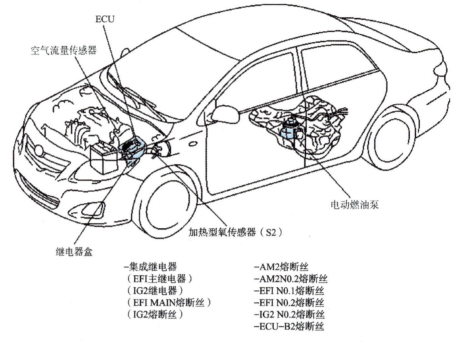

图 1-10　丰田卡罗拉轿车 ECU、燃油泵、继电器盒的位置

4．项目实施要求

（1）能找出发动机各传感器、执行器、ECU 的位置。

（2）能找出电动燃油泵、熔断丝及继电器盒的位置。

（3）自觉使用"三件套"、发动机舱防护罩等汽车防护物品，养成良好的职业习惯，为职业发展打下基础。

（4）任何情况下都有采取安全防护措施的习惯。

（5）养成工具、零部件、油液"三不落地"的职业习惯，工具及拆下的零部件等都应整齐地放置在工具车及零件盘中。

（6）实习完成后进行卫生扫除，对实习现场进行全面的检查。

大众桑塔纳 M3.8.2 控制系统的安装位置

M3.8.2 控制系统电控发动机采用热膜式空气流量传感器来检测进气量，属于 LH 型电控系统。其在进气系统中取消了怠速旁通道，发动机怠速采用直动式怠速电动机进行控制。发动机点火控制系统取消了分电器，采用无分电器的点火控制系统，由发动机 ECU 直接控制点火。图 1-11 为大众桑塔纳轿车发动机燃油供给系统的安装位置，图 1-12 为大众桑塔纳 AJR 型发动机 M3.8.2 部件的安装位置。

项目一 认识发动机电控系统

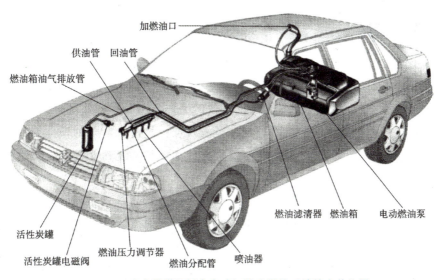

图 1-11 大众桑塔纳轿车发动机燃油供给系统的安装位置

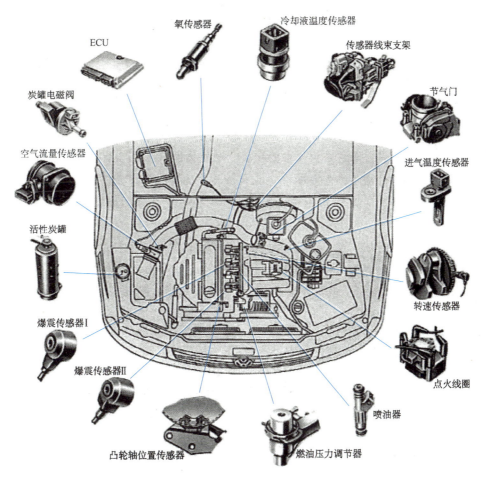

图 1-12 大众桑塔纳 AJR 型发动机 M3.8.2 部件的安装位置

本项目小结

（1）发动机电控技术的发展主要经历了机械式燃油喷射、电子式燃油喷射和点火控制、早期电控燃油喷射和点火系统及现代发动机电控系统4个阶段。德国博世公司、美国通用汽车公司等对发动机电控技术的发展作出了重要的贡献。

（2）电控技术对发动机性能的影响主要表现在：提高发动机的动力性；提高发动机的燃油经济性；降低排放污染；提高发动机的加速和减速性能；改善发动机的起动性能。

（3）发动机电控系统由传感器、ECU和执行器三部分组成。传感器用于采集各种信息并以电的形式传给ECU。ECU分析处理传感器采集到的各种信号并向执行器发出控制指令。执行器的功用是根据控制器的指令完成具体操作动作。

（4）发动机电子控制系统的控制方式主要有开环控制和闭环控制。ECU根据传感器的信号对执行器进行控制，而无法分析控制的结果是否达到预期目标，并对控制过程没有影响，这种控制方式称为开环控制。将控制结果反馈给ECU，并对控制过程进行修正的控制叫闭环控制。

（5）电控技术在发动机上的应用主要有：电子燃油喷射系统、电控点火系统、怠速控制系统、排放控制系统、进气控制系统、增压控制系统、巡航控制系统、自诊断与报警系统、失效保护系统、应急备用系统。

（6）电控发动机的发展趋势包括两个方面。发动机在电子控制方面主要表现为：电子控制趋于微处理化、集成电控技术的发展、电控技术与传感器结合更趋于紧密、车载网络化、线控技术的发展。发动机在电控技术运用方面主要体现在：汽油机直喷技术、绿色环保电控柴油机、废气涡轮增压发动机、电控高压共轨燃油喷射、新能源汽车发动机。

（7）通过本项目的实施，学生应能正确认识发动机电控系统中各传感器、执行器、ECU及其安装位置，同时进一步熟悉各电控元器件的功用及其基本工作原理。整个项目实施包括：明确项目目的、做好实施准备、制订项目实施步骤和严格执行项目实施要求。

练习与思考

一、单选题

1. 最先将真正意义上的微机控制技术运用到发动机的是（　　）公司。
   A. 德国博世　　　　　　　　　B. 美国通用汽车
   C. 日本丰田　　　　　　　　　D. 美国克莱斯勒
2. 发动机电控系统中空燃比控制和（　　）就是典型的闭环控制。
   A. 怠速控制　　　　　　　　　B. 进气控制

  C. 爆震控制   D. 配气正时控制

3. 发动机中的（　　）一般安装在曲轴前端、皮带轮后，或曲轴后端、飞轮前。

  A. 空气流量传感器   B. 冷却液温度传感器

  C. 氧传感器   D. 曲轴位置传感器

二、多选题

1. 用于测量空气流量的传感器有（　　）。

  A. 空气流量传感器   B. 节气门位置传感器

  C. 氧传感器   D. 进气管绝对压力传感器

2. ECU 给传感器提供的供电电压可能为（　　）。

  A. 1 V   B. 5 V   C. 12 V   D. 24 V

3. 以下属于发动机控制系统的是（　　）。

  A. 电控燃油喷射系统   B. 电控点火系统

  C. 怠速控制系统   D. 排放控制系统

三、简答题

1. 电控技术对发动机性能有何影响？
2. 发动机电控系统由哪几大部分组成？各部分的主要功用是什么？
3. 发动机电控系统传感器主要有哪些？
4. ECU 的功能是什么？
5. 开环控制系统的定义是什么？闭环控制系统的定义是什么？
6. 简述发动机未来的发展趋势。

项目二 汽油机电控燃油喷射系统检修

学习目标

（1）了解汽油机燃油供给系统的发展历程和发展趋势。

（2）掌握汽油机电控燃油喷射系统各传感器和执行器的功用、结构和工作原理。

（3）知晓汽油机缸内直喷技术和发动机稀薄燃烧技术。

（4）能够检测并更换电控燃油喷射系统的主要传感器、执行器。

（5）能对燃油喷射系统进行基本的故障诊断。

学习要求

能力目标	知识要点	权重
知晓汽油机燃油供给系统的基本组成、工作原理和控制功能	汽油机燃油供给系统的基本组成、工作原理、控制功能和控制内容	15%
熟悉进气管绝对压力传感器、节气门位置传感器和曲轴位置传感器的工作原理	进气管绝对压力传感器、节气门位置传感器和曲轴位置传感器的功用、类型、结构和工作原理	20%
会检测与更换空气流量传感器；会检测燃油系统压力；会检测与更换电动燃油泵；会检测与更换喷油器	空气流量传感器的功用、结构和工作原理；燃油系统的结构组成与工作原理；电动燃油泵的结构与工作原理；喷油器的结构与工作原理	60%
知晓汽油机缸内直喷的工作原理和特点；发动机稀薄燃烧技术的特点和工作原理	汽油机缸内直喷的工作原理和特点；发动机稀薄燃烧技术的特点和工作原理	5%

项目二 汽油机电控燃油喷射系统检修

> **引例**
>
> 一辆行驶里程 150 000 km 的爱丽舍轿车，出现行驶无力、提速困难、最高车速低于 80 km/h 的现象，检查发动机舱的线路和管路均正常。接解码器检查，显示系统正常。检查燃油系统的油压，油压在 180 kPa 左右抖动，明显低于标准值，你能找到油压低的原因吗？

2.1 相关知识

2.1.1 汽油机电控燃油喷射系统概述

1. 汽油机燃油喷射系统的发展历史

燃油喷射系统在 20 世纪 30 年代用于军用飞机发动机，最早装用燃油喷射系统的汽车出现在 1954 年，是由德国奔驰公司生产的奔驰 300SL 汽车。该车装用的机械式燃油喷射系统与柴油机供给系统基本相同，是利用柱塞泵和喷油器直接向气缸内喷油。此后改进为向进气管喷油。

1）K 型燃油喷射系统

机械式燃油喷射系统采用连续喷射方式，发动机工作时，喷油器连续不断地将燃油喷入进气管。机械式燃油喷射系统简称为"K 型"燃油喷射系统，"K"是德语 Kontinuum（连续）的第一个字母。K 型燃油喷射系统利用机械方式控制燃油喷射量。在 20 世纪 60 年代之前，化油器燃油供给系统在汽油机供给系统中占主导地位，K 型燃油喷射系统仅在国外生产的赛车和豪华型轿车上采用。

2）KE 型燃油喷射系统

20 世纪 60 年代，随着汽车数量的日益增多，发达国家相继制定了严格的排放法规，以限制汽车排放污染物的数量；20 世纪 70 年代，能源危机迫使各国纷纷制定汽车燃油经济性法规。在上述背景条件下，燃油喷射技术也得到了进一步的完善和发展。

20 世纪 60 年代，机电组合式燃油喷射系统在机械式燃油喷射系统的基础上发展起来了，简称为"KE 型"燃油喷射系统，其中"E"指电子控制。KE 型燃油喷射系统是在 K 型燃油喷射系统的基础上，增加了由计算机控制的电液式压差调节器，计算机根据冷却液温度、节气门位置等信号，通过调节器来改变供油压差，调节燃油供给量，从而达到对不同工况下混合气浓度修正的目的。

3）EFI 系统

20 世纪 60 年代后期，随着电子技术的飞速发展，电子技术在汽车上的应用成为各国汽车工业的重要发展方向。德国博世公司首先成功研制出电控燃油喷射系统，电控燃油喷射技术历经晶体管、集成电路到微机处理三大发展进程。直到目前，各种汽车上应用的电控燃油喷射系统都是以博世公司的产品为原形发展而来的。电控燃油喷射系统简称为"EFI"，是由该系统的英文"Electronic Fuel Injection"简化而来的。

特别提示：在现代汽车上，K 型和 KE 型燃油喷射系统已经被淘汰，EFI 系统因其更优越的性能而成为现代车用汽油机燃料供给系统的主流。

2．电控燃油喷射系统的基本组成及工作原理

博世 L 型多点燃油喷射系统的组成如图 2-1 所示，电动燃油泵从油箱中泵出燃油，经燃油滤清器过滤，之后油压调节器使喷油压差恒定，从而使 ECU 能够通过控制喷油器喷油时间来控制喷油量，然后燃油经过喷油器喷入进气歧管，与空气混合后进入气缸。

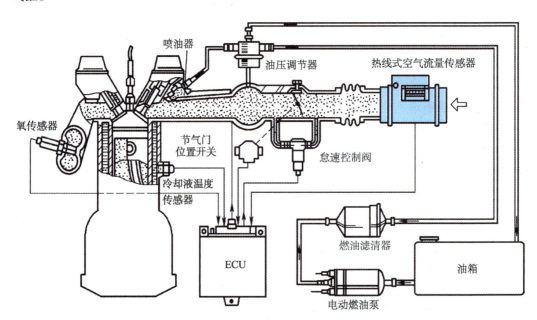

图 2-1　博世 L 型多点燃油喷射系统的组成

特别提示：在 L 型电控燃油喷射系统中，ECU 根据空气流量传感器的信号确定基本喷油时间。

在发动机起动后的各工况下，ECU 在确定基本喷油时间的同时，还必须根据各传感器送来的发动机运行工况信息，对基本喷油时间进行修正。

3．电控燃油喷射系统的分类

汽油机的燃料供给系统可分为化油器式和电控燃油喷射式。化油器式燃油供给系统

不能满足排放法规的要求，早已被电控燃油喷射系统取代，图 2-2 为电控燃油喷射系统的组成。电控燃油喷射系统按不同的分类方法可分成不同的类型。

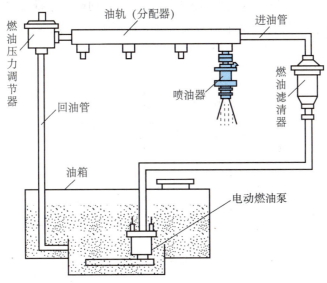

图 2-2　电控燃油喷射系统的组成

1）按喷射方式分类

按喷射方式不同，电控燃油喷射系统可分为连续喷射方式和间歇喷射方式。连续喷射方式是指在发动机运转期间，燃油连续不断地喷入进气管内，此种喷射方式因弊端多，现已不再采用。

间歇喷射方式是指在发动机运转期间，将燃油间歇地喷入进气管内。在采用间歇喷射方式的多点电控燃油喷射系统中，按各缸喷油器的喷射顺序又可分为同时喷射系统、分组喷射系统和顺序喷射系统，目前发动机普遍采用的是顺序喷射系统。顺序喷射系统如图 2-3 所示。

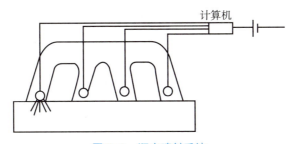

图 2-3　顺序喷射系统

2）按对空气量的计量方式分类

电控燃油喷射系统必须对进入气缸的空气量进行精确的计量，才能通过对喷油量的控制，实现混合气浓度的高精度控制。按对进气量的计量方式不同，电控燃油喷射系统可分为 D 型喷射系统和 L 型喷射系统。

（1）D 型喷射系统。D 型电控燃油喷射系统利用进气管绝对压力传感器检测进气管内的绝对压力，ECU 根据进气管内的绝对压力和发动机转速推算出发动机的进气量，再根据进气量和发动机转速确定基本喷油量。D 型喷射系统的基本工作原理如图 2-4 所示。

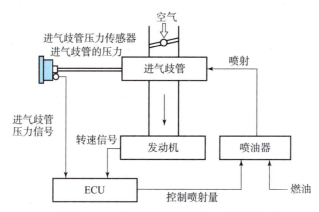

图 2-4　D 型喷射系统的基本工作原理

（2）L 型喷射系统。L 型电控燃油喷射系统利用空气流量传感器直接测量发动机的进气量，ECU 不必进行推算，即可根据空气流量传感器信号计算与该空气量相应的喷油量。由于消除了推算进气量的误差影响，其计算的准确程度高于 D 型电控燃油喷射系统，故对混合气浓度的控制更精确。L 型喷射系统的基本工作原理如图 2-5 所示。

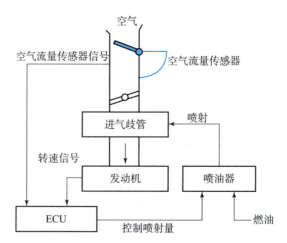

图 2-5　L 型喷射系统的基本工作原理

3）按喷射位置分类

按喷射位置不同，电控燃油喷射系统可分为进气管喷射和缸内直接喷射两种类型。进气管喷射，按喷油器的数量不同，又可分为单点喷射（SPI）系统和多点喷射

（MPI）系统，目前发动机基本不采用单点喷射系统。

缸内直接喷射技术是近年来研究和开发的发动机新技术，它是将喷油器安装在气缸盖上，把燃油直接喷入气缸内，配合缸内的气流形成可燃混合气，容易实现分层燃烧和稀薄燃烧，可进一步提高汽油机的经济性和排放性。

4）按有无反馈信号分类

电控燃油喷射系统按有无反馈信号可分为开环控制系统和闭环控制系统。

资源 2-1　D 型电控燃油喷射系统

（1）开环控制系统。开环控制系统无氧传感器，将通过试验确定的发动机各工况的最佳供油参数预先存入 ECU，在发动机工作时，ECU 根据系统中各传感器的输入信号，判断自身所处的运行工况，并计算出最佳喷油量，通过对喷油器喷射时间的控制，来控制混合气的浓度，以优化发动机的运行。

资源 2-2　L 型电控燃油喷射系统

开环控制系统按预先设定在 ECU 中的控制规律工作，只受发动机运行工况参数变化的控制，简单易行。但其精度直接依赖于所设定的基准数据和喷油器调整标定的精度。若喷油器及发动机的产品性能存在差异，或由于磨损等引起性能参数变化，就不能使混合气准确地保持在预定的浓度上。因此，开环控制系统对发动机及控制系统各组成部分的精度要求高、抗干扰能力差，当使用工况超出预定范围时，不能实现最佳控制。

（2）闭环控制系统。闭环控制系统有氧传感器，在该系统中，发动机的排气总管上加装了氧传感器，能够根据排气中含氧量的变化，判断实际进入气缸的混合气的空燃比，再通过 ECU 与设定的目标空燃比值进行比较，并根据误差修正喷油器的喷油量，使空燃比保持在设定的目标值附近。

闭环控制系统可达到较高的空燃比控制精度，并可消除因产品差异和磨损等引起的性能变化，工作稳定性好、抗干扰能力强。但是，为了使排气净化达到最佳效果，只能运行在理论空燃比（14.7∶1）附近。对起动工况、暖机工况、加速工况、怠速工况、满负荷工况等特殊工况，仍需采用开环控制模式，使喷油器按预先设定的加浓混合气配比工作，以满足发动机特殊工况的工作要求。

特别提示：闭环控制系统可达到较高的空燃比控制精度，并可消除因产品差异和磨损等引起的性能变化，工作稳定性好、抗干扰能力强。

4．电控燃油喷射系统的控制

电控燃油喷射系统的作用是对喷油正时、喷油量、燃油停供及电动燃油泵进行控制。其根据发动机的工作情况，配制一定数量和浓度的混合气，供往气缸，使发动机正常工作并保证其良好的性能，以提高其动力性、经济性和排气净化程度。

1)喷油正时控制

喷油正时指喷油器在什么时刻（相对于曲轴转角位置）开始喷油。对于采用多点间歇喷射的发动机来讲，按照喷油时刻与曲轴转角的关系可分为同步喷射和异步喷射两类。同步喷射是指与发动机曲轴转动同步，在固定的曲轴转角位置喷油。异步喷射与曲轴转角无关，是在同步喷油的基础上，为改善发动机的性能额外增加的喷油，如发动机冷起动和急加速时的临时性喷射。早期发动机较多采用异步喷射，现在很少采用。

（1）同步喷油正时控制。在同步喷射发动机中，又分为同时喷射、分组喷射和顺序喷射。它们对喷油正时的要求各不相同。

同时喷射。早期生产的燃油喷射发动机大多采用同时喷射方式，所有的喷油器是并联的。由于这种喷射方式是所有气缸的喷油器同时喷油，所以喷油正时与发动机进气、压缩、做功、排气等工作循环无关，其缺点是不可能使各缸都获得最佳的喷油正时。

分组喷射。在分组喷射系统中，一般将所有气缸的喷油器分成 2～4 组，由 ECU 分组控制喷油器。

顺序喷射。四缸发动机顺序喷射系统喷油器控制电路如图 2-6 所示，其特点是喷油器驱动回路数与气缸数目相等。

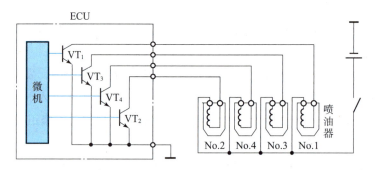

图 2-6　四缸发动机顺序喷射系统喷油器控制电路

在采用顺序喷射系统的发动机上，ECU 根据凸轮轴位置传感器信号（G 信号）、曲轴位置传感器信号（Ne 信号）和发动机的做功顺序，确定各缸工作位置，当确定某缸活塞运行至排气行程上止点前的某一位置时，ECU 输出喷油控制信号，接通喷油器电磁线圈电路，该缸开始喷油，喷油顺序与做功顺序一致。四缸发动机顺序喷射系统喷油正时图如图 2-7 所示。

（2）异步喷油正时控制

起动时的异步喷油正时控制。在部分电控燃油喷射系统中，为改善发动机的起动性能，在发动机起动时，除同步喷油外，要再增加一次异步喷油。具有起动异步喷油功能的电控燃油喷射系统，在起动开关（STA）处于接通状态时，ECU 接收到第一个凸轮轴位置传感器信号和第一个曲轴位置传感器信号时，开始进行起动时的异步喷油。

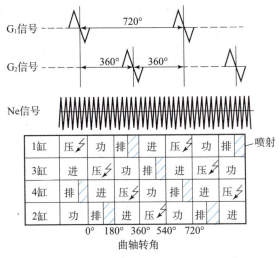

图 2-7 四缸发动机顺序喷射系统喷油正时图

加速时的异步喷油正时控制。发动机由怠速工况向汽车起步工况过渡时，燃油因为惯性等原因，会出现混合气较稀的现象。为了改善起步加速性能，ECU 根据节气门位置传感器中怠速触点输送的怠速信号（IDL 信号），从接通到断开时，增加 1 次固定量的喷油。在有些电控燃油喷射系统中，ECU 接收到的 IDL 信号从接通到断开后，当检测到第一个 Ne 信号时，增加 1 次固定量的喷油。有些发动机的电控燃油喷射系统，为使发动机提速更快，当节气门迅速开启或进气量突然增加时，在同步喷射的基础上再增加异步喷射。

2）喷油量的控制

喷油量的控制是电控燃油喷射系统最主要的控制功能之一，其目的是使发动机在各种运行工况下，都能获得最佳的混合气浓度，以提高发动机的经济性并降低排放污染。

当喷油器的结构和喷油压差一定时，喷油量的多少就取决于喷油时间。在汽油机电控燃油喷射系统中，喷油量控制是通过对喷油器喷油时间的控制来实现的。

喷油量控制可分为同步喷油量控制和异步喷油量控制。同步喷油量控制又分为发动机起动时的喷油量控制和发动机起动后的喷油量控制，二者的控制方式不同。

（1）起动时的同步喷油量控制。在发动机起动时，由于转速波动大，无论是 D 型电控燃油喷射系统中的进气管绝对压力传感器，还是 L 型电控燃油喷射系统中的空气流量传感器，都不能精确地确定进气量。由于无法确定合适的基本喷油时间，所以发动机起动时的同步喷油量控制与起动后的控制不同。当发动机起动时，ECU 根据冷却液的温度，由内存的冷却液温度 - 喷油时间曲线（见图 2-8）来确定基本喷油时间。然后根据进气温度和蓄电池电压进行修正，得到起动时的喷油持续时间。

在发动机转速低于规定值或点火开关位于 STA（起动）挡时，喷油时间的确定如

图 2-9 所示。ECU 根据冷却液温度信号和内存的冷却液温度 – 喷油时间曲线确定基本喷油时间，根据进气温度信号对喷油时间进行修正（延长或缩短）。然后根据蓄电池电压适当延长喷油时间，以实现喷油量的进一步修正，即电压修正。

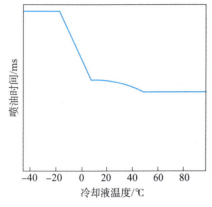

图 2-8　发动机起动时的基本喷油时间曲线

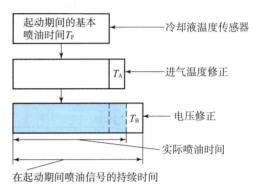

图 2-9　喷油时间的确定

当发动机工作时，喷油器的实际喷油时刻比 ECU 发出喷油指令的时刻晚，即存在一段滞后时间，如图 2-10 所示。喷油器喷油的滞后时间随蓄电池电压降低而延长，这将导致喷油器实际喷油的持续时间比 ECU 确定的喷油时间短、喷油量减少，从而影响电控燃油喷射系统对喷油量的控制精度。为此，发动机工作时，ECU 需根据蓄电池电压适当修正喷油时间，以提高喷油量控制的精度。

（2）起动后的同步喷油量控制。当发动机起动后转速超过预定值时，ECU 确定的喷油持续时间为

喷油持续时间 = 基本喷油时间 × 喷油修正系数 + 电压修正值

基本喷油时间是实现既定空燃比（即理论空燃比 14.7∶1）的喷射时间。在 D 型电控燃油喷射系统中，ECU 根据发动机转速信号和进气管绝对压力信号，由内存的三元 MAP 图（见图 2-11）确定基本喷油时间。在 L 型电控燃油喷射系统中，ECU 根据发动机转速信号和空气流量信号确定基本喷油时间。

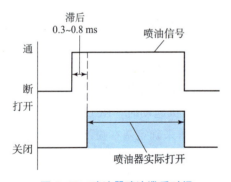

图 2-10　喷油器喷油滞后时间

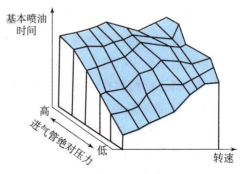

图 2-11　三元 MAP 图

在发动机起动后的各工况下，ECU在确定基本喷油时间的同时，还必须根据各种传感器送来的发动机运行工况信号，对基本喷油时间进行修正。

起动后加浓修正。发动机完成起动后，点火开关由"STA"（起动）位置转到"ON"（点火）位置，或发动机转速已达到或超过预定值，为使发动机保持稳定运转，ECU根据冷却液温度信号确定喷油时间的初始修正值，然后以一固定速度下降，逐步达到正常。

暖机工况加浓修正。当发动机温度较低时，燃油蒸发性差，为使发动机迅速进入最佳工作状态，必须供给较浓的混合气。

发动机起动后，在达到正常工作温度之前，ECU根据冷却液温度信号对喷油时间进行修正，暖机工况加浓修正系数曲线如图2-12所示。

暖机加浓修正还受急速信号的控制，节气门位置传感器中的急速触点接通或断开时，根据发动机转速不同，ECU确定的喷油时间略有不同。

进气温度修正。发动机进气温度影响进气密度，ECU根据进气温度传感器提供的进气温度信号，对喷油时间进行修正。通常以20 ℃为进气的标准温度，低于20 ℃时，空气密度增大，ECU适当增加喷油时间，使混合气不致过稀；进气温度高于20 ℃时，空气密度减小，ECU适当减少喷油时间，以防混合气偏浓。进气温度修正系数曲线如图2-13所示，增加或减少的最大修正量约为10%。

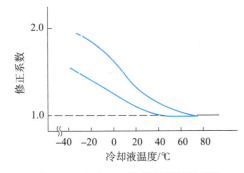

图2-12 暖机工况加浓修正系数曲线

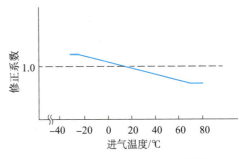

图2-13 进气温度修正系数曲线

大负荷工况喷油量修正。发动机在大负荷工况下运转时，要求使用较浓的混合气以获得大功率，ECU根据发动机负荷大小修正喷油时间。

发动机工作时，ECU可根据进气管绝对压力信号（或空气流量信号）、节气门位置信号判断发动机负荷大小，大负荷工况时适当增加喷油时间。大负荷工况时的加浓量约为正常喷油量的10%～30%。有些发动机大负荷工况的喷油量修正还与冷却液温度信号相关。

过渡工况喷油量修正。发动机在过渡工况（加速或减速）下运行时，为获得良好的动力性、经济性和响应性，需要适当修正喷油时间。

ECU 主要根据进气管绝对压力信号（或空气流量信号）、发动机转速信号、车速信号、节气门位置信号、空挡起动开关信号来判断过渡工况，并对喷油时间进行修正。

急速工况稳定性修正。发动机工作时，进气管绝对压力是随发动机转速而变化的，但进气管绝对压力的变化比发动机转速的变化滞后。节气门后端进气管的容积越大，发动机转速越低，滞后时间越长。

装用 D 型电控燃油喷射系统的发动机，由于 ECU 检测到进气管绝对压力变化较转速变化的时间滞后，尤其发动机在急速工况下转速发生变化时，因此若不能随急速转速的变化及时改变基本喷油时间，则必将导致发动机急速转速上升时扭矩也上升，急速转速下降时扭矩也下降，造成发动机急速工况不稳定。

为了提高发动机急速工况的稳定性，ECU 根据进气管绝对压力信号和发动机转速信号对喷油量进行修正。随进气管绝对压力增大或急速转速降低，适当增加喷油时间；随进气管绝对压力减少或急速转速增高，适当减少喷油时间。

（3）异步喷油量的控制。发动机起动或加速时的异步喷油量一般是固定的，即各缸喷油器以固定的喷油持续时间，同时向各缸增加 1 次喷油。

3）燃油停供控制

减速断油控制。汽车行驶中，当驾驶员快收加速踏板使汽车减速时，ECU 控制喷油器停止喷油，以降低碳氢化合物及一氧化碳的排放量。当发动机转速降至设定转速时，又恢复正常喷油。

限速断油控制。当发动机加速时，若发动机转速超过安全转速或汽车车速超过设定的最高车速，则 ECU 控制喷油器停止喷油，防止超速。

4）电动燃油泵控制

当点火开关打开或发动机熄火后，电控燃油喷射系统中的电动燃油泵一般预先或迟后工作 2～3 s，以保证燃油系统必需的油压。在发动机起动过程和运转过程中，电动燃油泵应保持正常工作。打开点火开关但不起动发动机，或关闭点火开关后，应适时切断电动燃油泵控制电路，使电动燃油泵停止工作。

资源 2-3　电控燃油喷射系统（EFI）

部分电控燃油喷射系统中装用的电动燃油泵有高、低两转速挡，发动机工作时，电控燃油喷射系统根据发动机的转速和负荷来控制电动燃油泵以高速或低速运转。发动机高速、大负荷工况下耗油较多，电动燃油泵以高速运转；当发动机在低速、中小负荷工况工作时，电动燃油泵以低速运转，以减少电动燃油泵的磨损和电能消耗。

特别提示：当点火开关打开或发动机熄火后，电控燃油喷射系统中的电动燃油泵一般预先或迟后工作 2～3 s，以保证燃油系统必需的油压。

2.1.2 空气供给系统

1. 空气滤清器

空气滤清器的作用是滤除空气中的杂质，降低进气噪声，减轻发动机的磨损。在汽车的实际使用中，空气滤清器对发动机的使用寿命有极大的影响。一方面，如果没有空气滤清器的过滤作用，发动机就会吸入大量含有尘埃、颗粒的空气，导致发动机气缸严重磨损；另一方面，如果在使用过程中，长时间不维护保养，空气滤清器的滤芯就会粘满空气中的灰尘，这不但使过滤能力下降，还会妨碍空气的流通，导致发动机工作不正常。因此，按期维护和保养空气滤清器是至关重要的。更换空气滤芯的依据是汽车行驶里程，例如新桑塔纳轿车空气滤芯更换周期是 20 000 km。

2. 节气门体

节气门体安装在进气管中，用以控制发动机正常工况下的进气量。现代轿车装配的电子节气门体如图 2-14 所示。

电子节气门的工作原理为：电子节气门体是电子节气门控制系统的一个关键部件，它一方面执行来自发动机 ECU 的指令，调节节气门的开度来控制发动机的进气量，从而实现控制发动机的负荷输出，同时可以输出反映节气门开度位置的信号，供控制系统监控节气门的工作状况。

图 2-14　电子节气门体

电子节气门体由节气门、驱动电动机和节气门位置传感器等构成，来自发动机 ECU 的指令使驱动电动机动作，通过传动机构使节气门板转动，保证发动机工作所需的节气门开度。节气门位置传感器由两个电位器组成，当节气门的开度变化时，电阻值发生变化，输出的电压信号随之变化，与电子油门踏板位置传感器信号一起，输入到发动机 ECU，经计算后，输出驱动电动机控制信号，从而控制发动机节气门的开度。

电子节气门体同发动机控制系统一起配合工作，可以实现发动机怠速控制、车辆巡航控制、Limp Home 控制、自动变速箱控制、车身电子稳定控制（ESP）等功能。

驱动电动机在驱动电流的作用下旋转一定角度，通过齿轮传动机构，将驱动电动机轴的运动传递给节气门轴，节气门轴带动节气门旋转到所需角度，改变进气通道的截面积，从而控制发动机的进气流量。同时，由于节气门轴的转动，改变了电位计的工作位置，电位计输出的信号发生变化，发动机 ECU 根据信号值可确定节气门的具体开度位置，从而精确微调其位置；电位计由两个反向信号计组成，一个反映节气门的正向开度位置，另一个反映节气门的反向开度位置，比较两个信号计的信号值，可相互检查其工作状态，作为判断其是否失效的一个依据。

特别提示：电子节气门体同发动机控制系统一起配合工作，可以实现发动机怠速控制、车辆巡航控制、Limp Home 控制、自动变速箱控制、车身电子稳定控制（ESP）等功能。

3．进气管

进气管一般包括进气软管、进气总管和进气歧管。进气软管用于连接空气滤清器与电子节气门体，进气总管用于连接电子节气门体与进气歧管，进气歧管的功用是给各缸分配空气。

多点喷射系统发动机为消除进气脉动和使各缸配气均匀，对进气总管、进气歧管在形状、容积等方面都提出了严格的设计要求。各缸分别设独立的进气歧管，有的进气总管与进气歧管制成一体，有些则是分开制造再以螺栓连接。

2.1.3 燃油供给系统

1．电动燃油泵

电动燃油泵是电喷发动机的基本部件之一，其作用是把燃油从油箱中吸出，加压后输送到管路中，和燃油压力调节器配合建立合适的系统压力。

1）电动燃油泵的类型

电动燃油泵根据安装位置的不同可分为两种：内置式电动燃油泵和外置式电动燃油泵。内置式电动燃油泵安装在油箱中，浸泡在燃油里，具有噪声小、不易产生气阻、不易泄漏、安装管路较简单等优点。有些车型在油箱内还设有小油箱，并将燃油泵置于小油箱中，这样可防止在油箱燃油不足时，因汽车转弯或倾斜引起燃油泵周围燃油的移动，使燃油泵吸入空气而产生气阻。外置式电动燃油泵串接在油箱外部的输油管中，优点是容易布置、安装自由度大，但噪声大，燃油供给系统易产生气阻。因此，目前大多数电控燃油喷射系统均采用内置式电动燃油泵。

电动燃油泵按其泵体结构的不同，可分为涡轮式、滚柱式、齿轮式和侧槽式等。外置式电动燃油泵主要为滚柱式，内置式电动燃油泵主要为涡轮式，也可以为滚柱式。

2）电动燃油泵构造

电动燃油泵主要由泵体、永磁电动机和外壳构成，如图 2-15 所示。永磁电动机通电带动泵体旋转，将燃

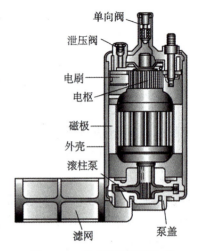

图 2-15 电动燃油泵的构成

油从进油口吸入，流经电动燃油泵内部，再从出油口压出，给燃油系统供油。

燃油流经电动燃油泵内部，对永磁电动机的电枢起到冷却作用，故此种燃油泵又称湿式燃油泵。电动燃油泵的电动机部分包括固定在外壳上的永久磁铁和产生电磁力矩的电枢以及安装在外壳上的电刷。电刷与电枢上的换向器相接触，其引线连接到外壳上的接线柱上，将控制电动燃油泵的电压引到电枢绕组上。电动燃油泵的外壳两端卷边铆紧，使各部件组装成一个不可拆卸的总成。

电动燃油泵的附加功能由限压阀和单向阀完成。限压阀可以避免当燃油管阻塞时，压力过分升高，而造成燃油管破裂或电动燃油泵损伤。单向阀的设置是为了在电动燃油泵停止工作时密封油路，使燃油系统保持一定残压，以便发动机下次容易起动。

资源2-4　电动燃油泵的工作原理

（1）涡轮式电动燃油泵。涡轮式电动燃油泵主要由油泵电动机、涡轮泵、出油阀、限压阀等构成，如图2-16所示。油箱内的燃油进入油泵内的进油口前，首先经过滤网初步过滤。

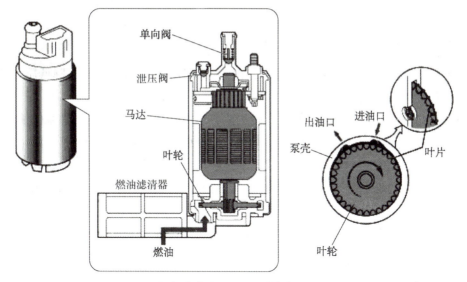

图2-16　涡轮式电动燃油泵及其内部涡轮泵的构成

涡轮泵主要由叶轮、叶片、泵壳和泵盖构成，叶轮安装在油泵电动机的转子轴上。油泵电动机通电时，油泵电动机驱动涡轮泵的叶轮旋转，由于离心力的作用，叶轮周围小槽内的叶片贴紧泵壳，并将燃油从进油口带往出油口。由于进油口燃油不断被带走，所以形成一定的真空度，将油箱内的燃油经进油口吸入，而出油口燃油不断增多，燃油压力升高，当燃油压力达到一定值时，则顶开出油阀经出油口输出。出油阀即单向阀，可在燃油泵不工作时，阻止燃油倒流回油箱，以保持油路压力，便于下次起动和防止气阻产生。燃油泵工作过程中，燃油流经马达内腔，对马达起到冷却和润滑的作用。限压阀安装在进油口和出油口之间，当燃油泵输出的燃油压力达到 0.4 MPa 时，限压阀开启,使燃油泵内的进油口与出油口连通,防止输油压力过高。涡轮式电动燃油泵具有泵油量大、泵油压力较高(可达 0.6 MPa 以上)、供油压力稳定、运转噪声小、使用寿命长等优点,应用最为广泛。

(2)滚柱式电动燃油泵。滚柱式电动燃油泵主要由油泵电动机、滚柱泵、单向阀、限压阀等构成,如图 2-17 所示。滚柱式电动燃油泵的输油压力波动较大,在出油端一般都安装阻尼减振器,这使燃油泵的体积变大,所以滚柱式电动燃油泵一般安装在油箱的外面,属外置式电动燃油泵。

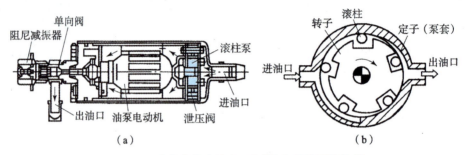

图 2-17　滚柱式电动燃油泵及其内部滚柱泵的构成
(a)滚柱式电动燃油泵；(b)滚柱泵

阻尼减振器主要由膜片和弹簧构成,它可吸收燃油压力波的能量,降低压力波动,以便提高喷油控制精度。

滚柱泵由转子、滚柱和泵套构成。转子偏心地置于泵套内,电动燃油泵的油泵电动机带动转子运转,由于离心力的作用,滚柱向外侧移动而与泵套内壁紧密接触,对周围起密封作用,在相邻两个滚柱之间形成了工作腔。当工作腔转过出油口后,其容积不断增大,形成一定的真空度,当转到与进油口连通时,将燃油吸入；而吸满燃油的工作腔转过进油口后,其容积又不断减小,使燃油压力提高,具有一定压力的燃油流过油泵电动机,从出油口输出。单向阀和限压阀的作用与涡轮式电动燃油泵相同。

3)电动燃油泵的控制电路

电动燃油泵只有在发动机起动和运转时才工作。在打开点火开关时,为建立系统油压,电动燃油泵往往会运行一段时间,以便发动机能顺利起动。而在其他情况下,即使点火开关接通,只要发动机没有转动,燃油泵就不工作。电动燃油泵工作的控制,通常是指对电动燃油泵电路的开路继电器的控制。继电器触点闭合,燃油泵通电工作；继电器触点断开,燃油泵停止工作。不同车型采用的电动燃油泵控制电路也不同,但主要分为以下两种类型。

(1)油泵继电器控制的电动燃油泵控制电路。油泵继电器控制的电动燃油泵控制电路如图 2-18 所示。它在电动燃油泵控制电路中,增设一个电阻器和油泵继电器,燃油泵的转速可在高速和低速两挡间切换。

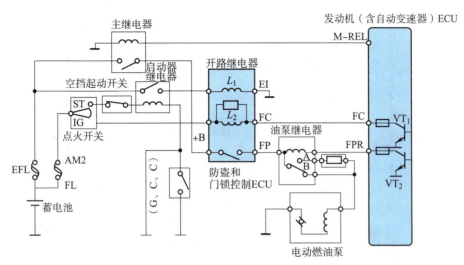

图 2-18 油泵继电器控制的电动燃油泵控制电路

与油泵开关控制的电动燃油泵控制电路类似，点火开关接通后即通过主继电器将开路继电器的 +B 端子与电源接通，起动时开路继电器中的线圈 L_1 通电，发动机正常运转时，发动机 ECU 中的晶体管 VT_1 导通，开路继电器中的线圈 L_2 通电，均使开路继电器触点闭合，油泵继电器的 FP 端子与电源接通，电动燃油泵工作。发动机熄火后，发动机 ECU 中的晶体管 VT_1 截止，开路继电器内的线圈 L_1 和 L_2 均不通电，其开关断开电动燃油泵电路，电动燃油泵停止工作。发动机低速、中小负荷工作时，发动机 ECU 中的晶体管 VT_2 导通，油泵继电器线圈通电，使触点 A 闭合，由于将电阻串联到电动燃油泵电路中，所以电动燃油泵两端电压低于蓄电池电压，电动燃油泵低速运转；发动机高速、大负荷工作时，发动机 ECU 中的晶体管截止，油泵继电器的触点 B 闭合，直接给电动燃油泵输送蓄电池电压，电动燃油泵高速运转。

（2）ECU 控制的电动燃油泵控制电路。ECU 控制的电动燃油泵控制电路如图 2-19 所示，蓄电池电源经主易熔线、20 A 熔体、主继电器进入电动燃油泵控制 ECU 的 +B 端子，电动燃油泵控制 ECU 通过 FP 端子向电动燃油泵供电。电动燃油泵控制 ECU 根据发动机 ECU 端子 FPC 和 DI 的信号，控制 +B 端子与 FP 端子的连通回路，以改变输送给电动燃油泵的电压，从而实现对电动燃油泵转速的控制。当发动机高速、大负荷工作时，发动机 ECU 的 FPC 端子向电动燃油泵控制 ECU 发出指令，使 FP 端子向电动燃油泵提供 12 V 的蓄电池电压，电动燃油泵以高速运转；当发动机低速、小负荷工作时，发动机 ECU 的 DI 端子向电动燃油泵控制 ECU 发出指令，使 FP 端子向电动燃油泵提供较低的电压（一般为 9 V），电动燃油泵以低速运转。

发动机 ECU 的 +B 端子和 FP 端子，分别有导线与检查连接器上的相应端子相连，以便于对电动燃油泵进行检查。

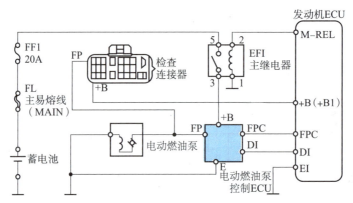

图 2-19　ECU 控制的电动燃油泵控制电路图

特别提示：油箱内的燃油对电动燃油泵有冷却和润滑作用，油箱内燃油量较少时要尽快加油。

2．燃油滤清器

电控燃油喷射系统对燃油清洁度要求极高，所以在油路中装要有一个全封闭、高强度、高过滤性的燃油滤清器。其功用是滤除燃油中的杂质和水分，防止燃油系统堵塞（尤其是喷油器）、减小机械磨损、确保发动机稳定运行、提高可靠性。

常见的燃油滤清器有 3 种，分别为：普通直进直出式燃油滤清器［见图 2-20（a）］、带有回油管的燃油滤清器［见图 2-20（b）］、集成于电动燃油泵总成中的燃油滤清器［见图 2-20（c）］。

资源 2-5　电动燃油泵的动画

（a）

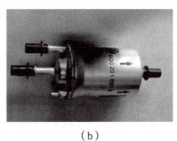
（b）

（c）

图 2-20　燃油滤清器
（a）普通直进直出式燃油滤清器；（b）带有回油管的燃油滤清器；
（c）集成于电动燃油泵总成中的燃油滤清器

普通直进直出式燃油滤清器的结构如图 2-21 所示，它由纸质滤芯串联一棉纤维过滤网制成，燃油从入口进入滤清器，经过壳体内的滤芯过滤后，清洁的燃油从出口流出，可滤除直径 0.01 mm 以上的杂质微粒。燃油滤清器安装在电动燃油泵之后的高压油路中，壳体上标有燃油的进出方向。

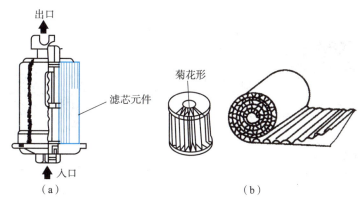

图 2-21 普通直进直出式燃油滤清器的结构及其滤芯
（a）结构；（b）滤芯

一般汽车每行驶 20 000～40 000 km 或 1～2a 后，应更换燃油滤清器，如果燃油杂质含量大，更换的里程间隔则应缩短。更换燃油滤清器时，应首先释放燃油系统压力，并注意燃油滤清器壳体上标记的燃油流动方向。如果燃油滤清器被反向安装，那么即使工作很短的时间也必须更换。

特别提示： 更换燃油滤清器时，应首先释放燃油系统压力，并注意燃油滤清器壳体上标记的燃油流动方向。

3．燃油脉动阻尼器

在一些电控燃油喷射系统的电动燃油泵或燃油导轨上，安装有燃油脉动阻尼器，其作用是降低喷油器喷油时引起的燃油压力波动，并降低噪声。

燃油脉动阻尼器的结构如图 2-22 所示，主要由膜片、回位弹簧和外壳等组成。发动机工作时，燃油经过脉动阻尼器膜片下方进入输油管，当燃油压力瞬时增大时，膜片受压上移，膜片下方的空间增大，油压减小；当燃油分配管的燃油压力瞬时减小时，膜片受弹簧回复力的作用下移，膜片下方的空间减小，油压增大。这样，通过燃油脉动阻尼器膜片下方的容积变化，起到稳定燃油系统油压的作用。

燃油脉动阻尼器结构简单，其实物外形如图 2-23 所示，燃油脉动阻尼器一般不会发生故障。需进行拆卸时，注意应首先释放燃油系统压力。

4．燃油压力调节器

喷油器的喷油量取决于喷油器的喷孔截面、喷油时间和喷油压差。在电控燃油喷射系统中，ECU 通过控制喷油器的喷油时间来控制喷油量。要保证燃油喷射量的精确控制，在喷油器的结构尺寸一定时，必须保持恒定的喷油压差。喷油压差就是指燃油分配管内燃油压力与进气管内气体压力的差值，而进气管内的气体压力是随发动机的转速和负荷的变化而变化的，要保持恒定的喷油压差，必须根据进气管内压力的变化来调节燃油压力。燃油压力调节器的功用就是调节燃油压力，使喷油压差保持恒定。

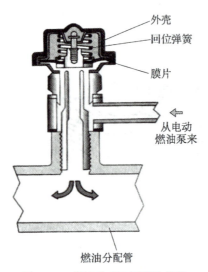

图 2-22 燃油脉动阻尼器的结构

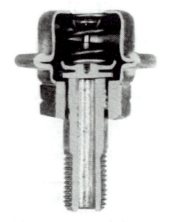

图 2-23 燃油脉动阻尼器实物

燃油压力调节器通常安装在燃油分配管的一端，其结构如图 2-24 所示，主要由膜片和弹簧等组成，膜片将调节器壳体内部分成两个室，即真空室和燃油室。膜片上方的真空室通过软管与进气歧管相通，膜片与回油阀相连，回油阀控制回油量。

发动机工作时，燃油压力调节器的膜片上方承受的压力为弹簧的弹力和进气歧管内气体的压力之和，膜片下方承受的压力为燃油压力，当膜片上、下承受的压力相等时，膜片处于平衡位置不动。当进气歧管内气体的压力下降（真空度增大）时，膜片向上移动，回油阀开度增大，回油量增多，使燃油分配管内的燃油压力也下降；反

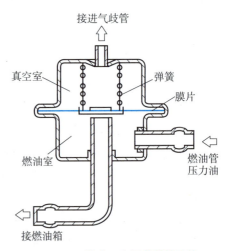

图 2-24 燃油压力调节器的结构

之，当进气歧管内的气体压力升高时，则膜片带动回油阀向下移动，回油阀开度减小，回油量减少，使燃油分配管内的燃油压力也升高。由此可见，在发动机工作时，燃油压力调节器通过控制回油量来调节燃油分配管内的燃油压力，从而保持喷油压差恒定不变。

发动机工作时，由于电动燃油泵的供油量远大于发动机消耗的油量，所以回油阀始终保持开启，使多余燃油经过回油管流回油箱。发动机停止工作（电动燃油泵停转）时，燃油分配管内的燃油压力下降，回油阀在弹簧作用下逐渐关闭，以保持燃油系统内有一定的残余压力。

特别提示：压力调节器不能维修，若工作不良时，应进行更换。拆卸时注意应先释放燃油系统压力。

2.1.4 电子控制系统

1. 传感器

1）空气流量传感器

空气流量传感器用于 L 型电控燃油喷射系统中，它的作用是将单位时间内吸入发动机气缸的空气量转换成电信号送至 ECU，作为决定喷油量和点火正时的基本信号之一，按其结构形式和进气量检测原理的不同可以分为以下 4 种：叶片式空气流量传感器、卡门涡旋式空气流量传感器、热线式空气流量传感器和热膜式空气流量传感器。热线式空气流量传感器和热膜式空气流量传感器统称为热式空气流量传感器，其性能优良、安装方便、应用广泛。

资源 2-6 燃油压力调节器

热式空气流量传感器即质量型空气流量传感器，可分为热线式和热膜式两种类型，其结构和工作原理基本相同。

热线式空气流量传感器的主要测量元件是热线电阻，按其安装位置的不同，可分为 2 种：一种是将热线电阻安装在主进气道中，称为主流测量方式的热线式空气流量传感器；另一种是将热线电阻安装在旁通气道中，称为旁通测量方式的热线式空气流量传感器。主流测量方式的热线式空气流量传感器的结构如图 2-25 所示，主要由防护网、取样管、热线电阻（铂金热线）、温度补偿电阻、控制电路板等组成。热线电阻和温度补偿电阻安装在主进气管中，控制电路板安装在空气流量传感器的下方，防护网用于防止回火和杂质进入空气流量传感器。

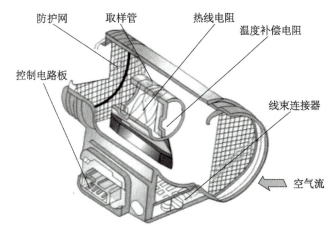

图 2-25 主流测量方式的热线式空气流量传感器的结构

热线式空气流量传感器的工作原理如图 2-26 所示。安装在控制电路板上的精密电阻 R_A 与热线电阻 R_H 和温度补偿电阻 R_K 组成惠斯通电桥电路。当空气流经热线电阻时,热线电阻温度降低,其相应的电阻值减小,使电桥失去平衡,若要保持电桥平衡,就必须增加流经热线电阻的电流,以恢复其温度和阻值。流经热线电阻的空气量(质量流量)不同,热线电阻的温度变化量和电阻值的变化量就不同,为保持电桥平衡,流经热线电阻的电流也相应变化。由于精密电阻 R_A 的电阻值是一定的,流经精密电阻 R_A 和热线电阻的电流相等(两电阻

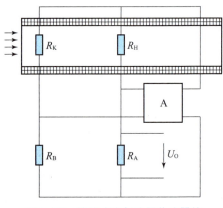

图 2-26 热线式空气流量传感器的工作原理

器串联),所以精密电阻 R_A 两端的电压也随流经热线电阻的空气量的变化而发生相应变化,控制电路将精密电阻 R_A 两端的电压输送给 ECU,即可确定进气量。

控制电路板的作用是保持电桥平衡,即保持热线电阻与感应进气温度的温度补偿电阻之间的温度差不变。采用热线式空气流量传感器的电控燃油喷射系统,可直接测量进入发动机的空气质量流量,一般不需要根据进气温度信号对喷油时间进行修正。

为保证测量精度,热线式空气流量传感器一般都有自洁功能,当发动机转速超过 1 500 r/min 时,关闭点火开关使发动机熄火后,控制系统自动将热线电阻器加热到 1 000 ℃以上并保持约 1 s,以便将附在热线电阻上的粉尘烧掉。

热膜式空气流量传感器的结构和工作原理与热线式空气流量传感器基本相同,不同之处在于热线式空气流量传感器采用价格昂贵的铂丝制成热线电阻,而热膜式空气流量传感器用热膜代替了热线,并将热膜镀在陶瓷片上,制造成本较低,而且测量元件不直接承受气流的作用力,使用寿命较长。

特别提示:空气流量传感器的信号电压随进气量的变化而变化。

2)进气管绝对压力传感器

D 型电控燃油喷射系统设置了进气管绝对压力传感器,它主要测量进气管内的压力,并将压力信号转变成电信号传给发动机控制模块,作为决定喷油器基本喷油量和基本点火提前角的主控信号。

进气管绝对压力传感器根据信号产生的原理可分为可变电感式进气管绝对压力传感器、真空膜盒式进气管绝对压力传感器、电容式进气管绝对压力传感器和半导体压敏电阻式进气管绝对压力传感器,应用最广泛的是半导体压敏电阻式进气管绝对压力传感器和电容式进气管绝对压力传感器。

(1)半导体压敏电阻式进气管绝对压力传感器。半导体压敏电阻式进气管绝对压力传感器主要由真空室、硅片(压敏电阻)、滤清器、集成放大电路和壳体组成,其结构如图 2-27 所示。

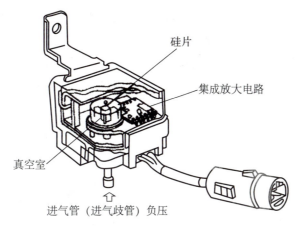

图2-27　半导体压敏电阻式进气管绝对压力传感器的结构

硅片是压力转换元件,在其表面的四周上,采用半导体集成技术和微加工技术,形成4个测量电阻,并按惠斯顿电桥法在硅片内部连接起来,硅片布置和等效电路如图2-28所示。它的一侧是真空室(绝对压力为0),而另一侧承受进气管内的压力,在两侧压力差的作用下使硅片产生变形,进气管绝对压力变化时,硅片的变形量不同,其电阻值随其变形量而变化,导致硅片所处的电桥电路输出电压发生变化,电桥电路输出的电压经集成放大电路放大后输送给ECU。

资源2-7　真空膜盒式进气管压力传感器

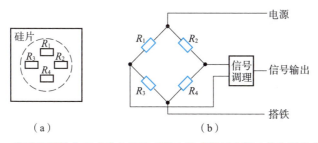

图2-28　半导体压敏电阻式进气管绝对压力传感器的内部硅片布置和等效电路
(a)硅片布置;(b)等效电路

(2)电容式进气管绝对压力传感器。电容式进气管绝对压力传感器的结构如图2-29所示,位于传感器壳体内腔的弹性膜片用金属制成,弹性膜片上、下两凹玻璃的表面也均有金属涂层(即电镀金属表面),这样在弹性膜片与2个金属涂层之间形成2个串联的电容。

电容式进气管绝对压力传感器利用电容效应检测进气管的绝对压力。发动机工作时,进气管内的空气压力作用于弹性膜片上,使弹性膜片产生位移,弹性膜片与2个金属涂层之间的距离发生变化,一个距离减小,而另一个距离增大,在弹性膜片与2个电镀金属表面之间形成的2个电容的电容量也就一个增加，另一个则减小。电容量的变化量与弹性膜片的位移成正比，而弹性膜片的位移取决于上、下两空腔的气体压力，只要弹性膜片上部的空腔为绝对真空，下部空腔通进气管，则可通过检测电容量的变化来检测进气管的绝对压力。电容量的变化量再经过测量电路转换成电压信号输送给ECU，测量电路可以是电容电桥电路或谐振电路等。

特别提示： 进气管绝对压力传感器根据信号产生的原理可分为可变电感式、真空膜盒式、电容式和半导体压敏电阻式，应用最广泛的是半导体压敏电阻式和电容式。

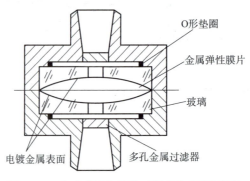

图2-29 电容式进气管绝对压力传感器的结构

3）节气门位置传感器

节气门位置传感器根据其输出信号的特点，可分为线性输出型节气门位置传感器和开关量输出型节气门位置传感器两种形式，多数车型使用的是线性输出型节气门位置传感器。

（1）线性输出型节气门位置传感器。其结构如图2-30所示，传感器有2个与节气门联动的滑动触点。一个触点可在电阻上滑动，利用变化的电阻值，测得与节气门开度对应的线性输出电压（见图2-31），根据输出的电压值，可知节气门开度。另一个滑动触点在节气门全关闭时与怠速触点IDL接触。IDL信号主要用于断油控制和点火提前角的修正。节气门开度输出信号VTA则使ECU对喷油量进行控制，以获得相应的功率。

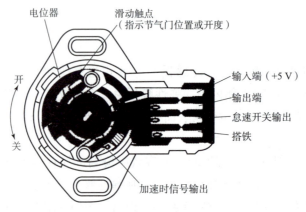

图2-30 线性输出型节气门位置传感器的结构

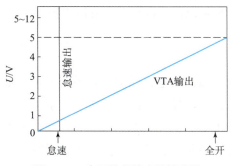

图 2-31 电压信号输出特性曲线

线性输出型节气门位置传感器与 ECU 的连接电路如图 2-32 所示。发动机 ECU 通过 VC 端子给传感器提供 5 V 标准电压，节气门位置信号通过 VTA 端子输送给发动机 ECU，E2 端子搭铁。线性输出型节气门位置传感器输出的电压信号为：当节气门全关时，应约为 0.5 V，随节气门半开度的增大，输出信号电压增加，当节气门全开时，应约为 5 V。

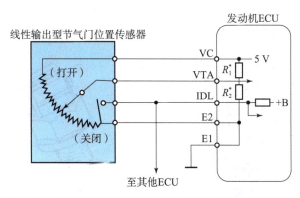

图 2-32 线性输出型节气门位置传感器与 ECU 的连接电路

（2）开关量输出型节气门位置传感器。开关量输出型节气门位置传感器又称为节气门开关，主要由一滑动触点和两固定触点（怠速触点与全开触点）组成，其结构图如图 2-33 所示。滑动触点（TL）随节气门轴一起转动，滑动触点在节气门全关（怠速）时与怠速触点（IDL）闭合，ECU 根据怠速开关的闭合信号判定发动机处于怠速工况，从而按怠速工况的要求控制发动机运行；当节气门打开时，节气门开度在中间位置，滑动触点与两固定触点均断开，ECU 根据这一信号，进行从怠速到中负荷的过渡工况的发动机运行控制；而在节气门接近全开时与全开触点（PSW）闭合，向 ECU 送出发动机处于全负

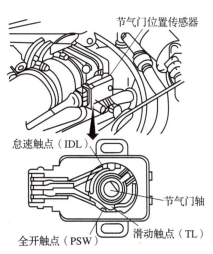

图 2-33 开关量输出型节气门位置传感器的结构图

荷运转工况的信号，ECU 根据此信号进行全负荷加浓控制。

特别提示：节气门位置传感器用于检测节气门的开度。

4）进气温度传感器

除采用热式空气流量传感器的电控燃油喷射系统外，其他电控燃油喷射系统都不能直接测量发动机的实际进气质量，进气温度传感器的功用就是给 ECU 提供进气温度信号，作为燃油喷射和点火正时控制的修正信号。在采用热式空气流量传感器的电控燃油喷射系统中，有些也装有进气温度传感器。

资源 2-8　节气门位置传感器的工作原理

在 D 型电控燃油喷射系统中，进气温度传感器一般安装在空气滤清器内或进气总管内。在 L 型电控燃油喷射系统中，进气温度传感器一般安装在空气流量传感器内部。进气温度传感器的结构和外形如图 2-34 所示，在传感器壳体内装有一热敏电阻器，当进气温度变化时，热敏电阻器的阻值发生变化，一般随进气温度的升高，热敏电阻器的阻值逐渐减小。

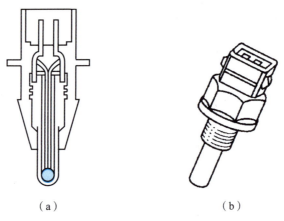

图 2-34　进气温度传感器的结构和外形
（a）结构；（b）外形

进气温度传感器与 ECU 的连接电路如图 2-35 所示，在 ECU 中有一标准电阻与传感器的热敏电阻器相串联，并由 ECU 提供标准电压，E2 端子通过 E1 端子搭铁。当热敏电阻的电阻值随进气温度变化时，ECU 通过 THA 端子测得的分压值随之变化，ECU 根据此分压值判断进气温度。

在使用中，拆开进气温度传感器的线束连接器，检查两个端子之间是否断路，若断路则应更换该传感器。将拆下的进气温度传感器放入水中或用电吹风进行冷却或加热，如图 2-36 所示，检测其特性是否符合标准，若不符合，则应更换该传感器。

特别提示：进气温度传感器的功用就是给 ECU 提供进气温度信号，作为燃油喷射和点火正时控制的修正信号。

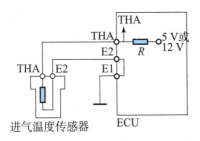
图 2-35 进气温度传感器与 ECU 连接电路

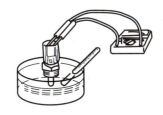
图 2-36 进气温度传感器的检测

5）冷却液温度传感器

冷却液温度传感器给 ECU 提供发动机冷却液温度信号，作为燃油喷射和点火正时控制的修正信号。冷却液温度传感器信号也是其他控制系统（如 EGR 等）的控制信号。

冷却液温度传感器一般安装在气缸体上或缸盖冷却液的通道上。冷却液温度传感器的结构和连接电路如图 2-37 和图 2-38 所示，其工作原理与进气温度传感器相同。冷却液温度传感器与进气温度传感器的特性完全相同。

资源 2-9 冷却液温度传感器和进气温度传感器

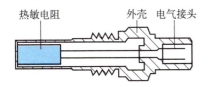
图 2-37 冷却液温度传感器的结构

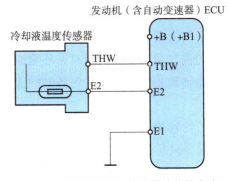
图 2-38 冷却液温度传感器的连接电路

应用案例 2-1

【案例概况】

一辆大众帕萨特轿车，行驶里程 120 000 km，发动机早晨起动困难，需要反复起动几次才能着车，着车后一切正常，仪表盘无异常显示。

【案例解析】

发动机起动困难故障大致有以下几种情况：冷却液温度传感器故障或怠速控制系统故障；否则，则要检查点火正时、燃油压力、气缸压力、喷油情况等。打开点火开关，起动机运转有力，能听到排气管有"突突"声，但发动机无法着车。连接解码仪，无故障码显示。进入发动机数据流 001 组，发现冷却液温度为 92 ℃，这表明冷却液温度传感器有故障。因为发动机根本没有起动，冷却液温度不可能这么高。于是脱开冷却液温度传感器的线束连接器，结果发动机顺利着车。当拔掉连接器，发动机ECU会默认冷却液温度为−46.5 ℃，加大喷油量。

发动机喷油量受发动机转速和进气量的控制，但诸如冷却液温度传感器、氧传感器等信号会影响发动机喷油量的修正值，这些信号若失真，会严重影响发动机的起动性能。在本案例中，发动机在冷启动时需要浓混合气，而该车的冷却液温度传感器损坏，导致发动机ECU始终认为冷却液温度为92 ℃。本来应该需要较浓的混合气，结果混合气较稀，导致发动机无法起动。

为什么冷却液温度传感器测量的冷却液温度为92 ℃，而观察仪表盘上的冷却液温度却未能发现异常呢？因为该车的冷却液温度传感器是四线式传感器，提供信号给发动机ECU的热敏电阻已损坏，于是更换一个新的冷却液温度传感器，故障彻底排除。

6）凸轮轴/曲轴位置传感器

凸轮轴位置传感器（CMPS）给ECU提供曲轴转角基准位置（第一缸压缩上止点）信号，作为燃油喷射控制和点火控制的主控制信号。曲轴位置传感器（CKPS）有时也称为转速传感器，用来检测曲轴转角，给ECU提供发动机转速信号和曲轴转角信号。

空气流量传感器只能检测单位时间内的进气量，ECU必须根据发动机转速确定每循环的进气量，以便实现对循环喷油量的精确控制。同时，ECU根据曲轴转角基准位置和曲轴转角位移才能确定各缸的工作位置，以控制最佳的喷油时刻和最佳的点火提前角。

凸轮轴位置传感器和曲轴位置传感器的结构和工作原理基本相同，而且通常安装在一起，只是各车型安装位置不同，但必须安装在与曲轴有精确传动关系的位置处，如曲轴、凸轮轴或飞轮处。韩国大宇、美国通用等轿车的曲轴位置传感器通常安装在曲轴处，美国克莱斯勒等轿车曲轴位置传感器一般安装在飞轮处。

凸轮轴/曲轴位置传感器可分为电磁式凸轮轴/曲轴位置传感器、霍尔式凸轮轴/曲轴位置传感器和光电式凸轮轴/曲轴位置传感器3种类型。

（1）电磁式凸轮轴/曲轴位置传感器。发动机工作时，带有轮齿的转子随分电器轴一起转动，当转子上的凸齿与感应线圈靠近时，引起通过线圈的磁通量变化，从而在感应线圈里产生交变的感应电动势，再将它放大后输送给ECU。ECU根据感应线圈产生的脉冲信号确定发动机的转速和各缸工作位置。

（2）霍尔式凸轮轴/曲轴位置传感器。这是利用霍尔效应原理，产生与凸轮轴位置和曲轴转角位置相对应的电压脉冲信号的传感器。它是利用触发叶片或轮齿，改变通过霍尔元件的磁场强度，从而使霍尔元件产生脉冲式的霍尔电压信号，经放大整形后即为曲轴位置传感器的输出信号。

（3）光电式凸轮轴/曲轴位置传感器。光电式凸轮轴/曲轴位置传感器主要由转子、发光二极管、光敏晶体管和放大电路等组成。转子上制有一定数量的透光孔，利用发光二极管作为信号源，当转子转动到透光孔与发光二极管对正时，光线照射到光敏晶体管上产生电压信号，经放大电路放大后输送给ECU。转子内、外两圈的透光孔数量不等，分别用以产生G信号和Ne信号。光电式凸轮轴/曲轴位置传感器的连接电路如图2-39所示。

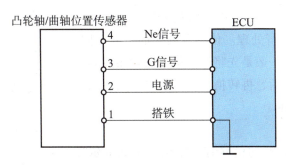

图2-39　光电式凸轮轴/曲轴位置传感器的连接电路

7）车速传感器

车速传感器用于检测汽车的行驶速度，给ECU提供车速信号（SPD信号），用于巡航定速控制和限速断油控制。在汽车集中控制系统中，也是自动变速器的主控制信号。

车速传感器有4种类型：电磁式车速传感器、霍尔式车速传感器、舌簧开关式车速传感器和光电式车速传感器，光电式车速传感器的结构和工作原理与光电式凸轮轴/曲轴位置传感器类似。

舌簧开关式车速传感器的结构如图2-40所示。转速表软轴由安装在变速器输出轴上的齿轮驱动，转速表软轴驱动永久磁铁旋转，相对于固定的舌簧开关，软轴每转一圈，磁铁的极性变换4次，从而使开关触点闭合或断开，ECU根据触点开闭的频率即可确定车速。

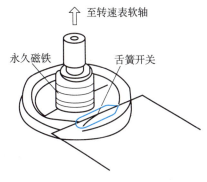

图2-40　舌簧开关式车速传感器的结构

特别提示： 车速传感器用于检测汽车的行驶速度，车速传感器通常安装在组合仪表内或变速器输出轴上。

8）信号开关

在发动机控制系统中，ECU还必须根据一些开关的信号确定发动机或其他系统的工作状态，常用的信号开关有起动开关（STA）、空调开关（A/C）、挡位开关、制动灯开关、动力转向开关、巡航控制开关等。

随着控制系统功能的扩展，输入信号也将不断增加。控制系统所用传感器及信号开关的数量必将有所增加。

2．ECU

发动机系统中使用的 ECU 主要由输入回路、模数转换器（A/D 转换器）、微型计算机（简称微机）和输出回路组成。

1）输入回路

发动机工作时，各种传感器的信号输入 ECU 后，首先进入输入回路进行处理。传感器输入的信号不同，处理的方法也不同，一般是先将输入信号滤除杂波和将正弦波转变为矩形波后，再转换成输入电平。输入回路的作用如图 2-41 所示。

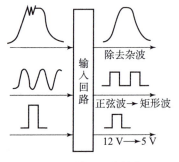

图 2-41　输入回路的作用

2）A/D 转换器

传感器输送给 ECU 的信号有数字信号（如卡尔曼涡旋式空气流量传感器信号、转速信号等）和模拟信号（如翼板式空气流量传感器信号、进气温度传感器信号、节气门位置传感器信号等），如图 2-42 所示。数字信号可直接输入微机，但微机不能直接接收模拟信号，必须由 A/D 转换器转换成数字信号后再输入微机。

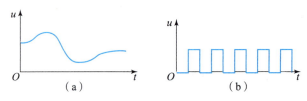

图 2-42　传感器的信号类型

(a) 模拟信号；(b) 数字信号

3）微机

微机是控制系统的神经中枢，其功用是根据工作需要，利用其内存程序和数据对各传感器输送来的信号进行运算处理，并将处理结果送往输出回路。

微机主要由中央处理器（CPU）、存储器（RAM/ROM）和输入输出（I/O 接口）装置组成，如图 2-43 所示。

（1）中央处理器。中央处理器主要由进行算术运算和逻辑运算的运算器、暂时存储数据的寄存器、按照程序在各装置之间完成信号输送及控制任务的控制器等组成。其功用是读出命令并执行数据处理

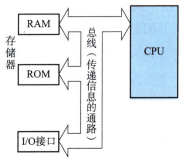

图 2-43　微机的组成

任务。

（2）存储器。存储器的功用是存储信息资料，包括随机存储器（RAM）和只读存储器（ROM）。RAM是用来暂时存储信息的，如存储微机输入、输出和计算过程中产生的中间数据等，存储的信息可随时调出或被新的数据取代，当切断电源时，存储在RAM中的信息将丢失。为使故障码等信息在RAM中能保存较长时间，一般用不受点火开关控制的专用电路给RAM提供电源。当然，专用电路断开时（如拆开蓄电池电缆），存储在RAM中的信息仍会丢失。

ROM是用来存储固定信息（如控制程序、发动机特征参数等）的，存储的内容一般由制造商一次性存入，使用中不能更改，但可以随时调出使用。即使切断电源，ROM中存储的信息也不会丢失。

（3）输入/输出装置。输入/输出装置是微机与外界进行信息交流的纽带，在控制系统工作时，输入/输出装置根据中央处理器的命令，在中央处理器与输入回路和输出回路之间负责数据传送。输入/输出装置一般称为I/O接口，具有数据缓冲、电平匹配、时序匹配等多种功能。

4）输出回路

微机输出的数字信号的电压很弱，不能直接驱动执行元件工作。作为微机与执行元件之间连接桥梁的输出回路，其主要功用就是将微机的处理结果放大，生成能控制执行元件工作的控制信号。

输出回路一般采用的是功率晶体管，根据微机的指令通过导通或截止来控制执行元件的搭铁回路。控制喷油器的输出回路如图2-44所示，功率晶体管导通时，喷油器通电喷油，截止时则断电停油。

特别提示： 输出回路一般采用的是功率晶体管，根据微机的指令通过导通或截止来控制执行元件的搭铁回路。

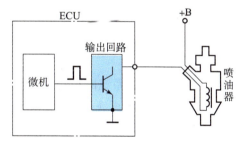

图2-44 控制喷油器的输出回路

 应用案例2-2

【案例概况】

一辆配置ATK发动机款捷达轿车，行驶里程超过200 000 km。该车怠速耸车，转速忽高忽低，遇红灯时常会熄火。更奇怪的是开空调时怠速转速不升高，发动机转速也不受影响。

【案例解析】

接车后，用修车王SY380诊断仪调出故障码，显示"系统正常"，没有故障码。故只能用常规方法检查。测试燃油油压为 280 kPa，拔掉油压调节器真空管，油压上升到 310 kPa，为正常现象。用万用表测量点火高压线电阻，有两个缸的竟达到 6 kΩ，超出正常值 2 kΩ。然后将高压线全部换新，同时因发现点火线圈外壳有裂痕也将其换掉。该车长时间没有保养过，根据车主要求，干脆连火花塞及氧传感器也全部换新。接下来打开点火开关，起动发动机，奇怪的是连打多次马达，车竟然不能起动。因理不出头绪，工作一度中断，检修陷入迷茫中。

经过冷静的分析，点火线圈有高压火，喷油器正常喷油。这种情况不能起动可能有两种原因：一是混合气过稀，二是混合气偏浓。检查进气管没有破损，拔掉四缸喷油器的电源控制插头，打马达，车起动了，但是 3 s 后烧完进气管内剩余的燃油之后又一次熄火。又插上四缸喷油器电源插头，车起动了，但怠速时还是耸车，忽高忽低要熄火的样子。这时想到可能是混合气偏浓，导致开空调时不提速、怠速也不下降。

用修车王 SY380 诊断仪调出数据流进行分析，当空调开关打开时，发动机负荷进气流量由 2.5 g/s 上升到 3.5 g/s。喷油脉宽由 2 ms 上升到 3.2 ms。证明：ECU 已接到空调请求信号而增加进气流量、喷油脉宽，但执行机构不动作，证明 ECU 本身存在故障。

为了证实上述推断，拔下节气门传感器的插接器，按该车所提供资料检查数据。打开点火开关；用万用表检查，4 脚和 7 脚间的电压应不低于 4.5 V，实测为 4.8 V。3 脚和 4 脚间的电压不低于 9 V，实测为 6 V，不正常。换上一块新的 ECU 控制器。经过试车怠速平稳，冷车及开空调时都能提速，故障彻底排除。

3．执行元件

电控燃油喷射系统的执行元件主要有喷油器和燃油泵。燃油泵在燃油喷射系统中已有详述，在此不再介绍。喷油器的功用是根据 ECU 的指令，控制燃油喷射量，如图 2-44 所示。

1）喷油器的构造与工作原理

按喷油口的结构不同，喷油器可分为孔式喷油器和轴针式喷油器，孔式喷油器的结构如图 2-45 所示。喷油器主要由滤网、线束连接器、电磁线圈、回位弹簧、衔铁、阀针等组成，阀针与衔铁制成一体。轴针式喷油器的阀针下部有轴针伸入喷口。

当喷油器不喷油时，回位弹簧通过衔铁使阀针紧压在阀座上，防止滴油。当电磁线圈通电时，产生电磁吸力，将衔铁吸起并带动阀针离开阀座，同时回位弹簧被压缩，燃油经过阀针并由轴针与喷口的环隙或喷孔中喷出。当电磁线圈断电时，电磁吸力消失，回位弹簧迅速使阀针关闭，喷油器停止喷油。当喷油器的结构和喷油压力一定时，喷油器的喷油量取决于阀针的开启时间，即电磁线圈的通电时间。回位弹簧的弹力对阀针密封性和喷油器断油的干脆程度会产生影响。

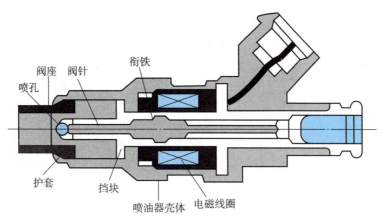

图 2-45 孔式喷油器的结构

各车型采用的喷油器，按其线圈的电阻值不同，可分为高阻（电阻值为 13~16 Ω）喷油器和低阻（电阻值为 2~3 Ω）喷油器两种类型。

2）喷油器的驱动方式

喷油器的驱动方式可分为电流驱动和电压驱动，如图 2-46 所示。电流驱动方式只适用于低阻喷油器，电压驱动方式对高阻喷油器和低阻喷油器均可使用。

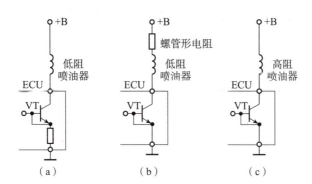

图 2-46 喷油器驱动方式的分类
（a）电流驱动；（b）电压驱动（低阻）；（c）电压驱动（高阻）

（1）电流驱动方式。在喷油器电流驱动方式电路中，由于无附加电阻，电路的阻抗小，ECU 向喷油器发出喷油指令信号时，流过喷油器线圈的电流迅速增加，喷油器阀针开启速度快，喷油器的喷油滞后时间缩短，响应性更好。

（2）电压驱动方式。当低阻喷油器采用电压驱动方式时，必须加入附加电阻。因为低阻喷油器线圈的匝数较少，加入附加电阻后，可减小工作时流过线圈的电流，以防止线圈发热而损坏。附加电阻与喷油器的连接方式有 3 种，如图 2-47 所示。

电压驱动方式中的喷油器驱动电路较简单，但因其回路中的阻抗大，喷油器的喷油滞后时间长。其中，高阻喷油器采用电压驱动方式时的喷油滞后时间最长，低阻喷油器采用电压驱动方式时的喷油滞后时间次之，喷油器采用电流驱动方式时的喷油滞后时间最短。

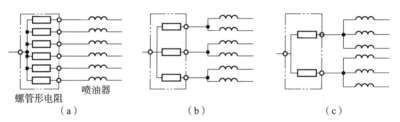

图 2-47　附加电阻与喷油器的连接方式
（a）独立式；（b）分组式 1；（c）分组式 2

特别提示：喷油器的喷油量取决于阀针的开启时间，即电磁线圈的通电时间。回位弹簧的弹力对阀针密封性和喷油器断油的干脆程度会产生影响。

2.2　项目实施

2.2.1　节气门体检修

通过本项目的实施，能规范拆装、清洗、更换节气门体，能排除因节气门积炭或节气门体损坏而造成的发动机故障。

1．项目实施准备

大众新宝来 1.4L TSI 车型（或其他车型）1 辆；大众专用工具 1 套；通用工具 1～2 套；发动机舱防护罩 1 套；"三件套"（座椅套、转向盘套、脚垫）1 套；学生必须着工装、穿工鞋。

2．项目实施步骤

（1）打开车门，铺好"三件套"，拉动发动机舱盖手柄。

（2）打开发动机舱盖，铺好发动机舱防护罩，拆下发动机护板。

特别提示：让学生养成维修保养之前，必须先要铺好"三件套"及发动机舱防护罩的好习惯。

（3）拆下进气管，拆下节气门体。

（4）用丙酮和一把软刷彻底清洁节气门体的内表面。

特别提示：丙酮易燃。在清洁节气门体时不要使用压缩空气，并戴好护目镜、穿好防护服，以免接触和伤害皮肤。

（5）安装节气门体。

（6）删除适应值并匹配发动机的 ECU。

3．项目实施要点

1）节气门体的拆卸

（1）拆下发动机护板。

（2）取下压力管上的软管及其他软管。

（3）将带进气温度传感器的增压压力传感器的连接插头拔下，并拧下压力管的紧固螺栓。

（4）将固定夹向外压并将压力管向上拉，先从节气门体上脱开，接着将压力管从废气涡轮增压器上拔下。

（5）拔下节气门体控制单元的连接插头，取下节气门体 ECU。

2）节气门体的安装

在安装前，用发动机机油略微浸润废气涡轮增压器上的 O 形环和压力管中的 O 形环。安装步骤以与拆卸步骤相反的顺序进行。

3）节气门体的清洗

特别提示：当机舱内温度较高时，清洗节气门体要小心操作，避免烫伤皮肤。

（1）拆卸节气门体 ECU。

（2）用手打开节气门，并在打开的位置用适当的物体（例如塑料楔或木楔）按图 2-48（a）所示的箭头方向撑住节气门。

（3）用丙酮和软刷彻底清洁节气门体的内表面，尤其是节气门关闭时的封闭区域。

特别提示：丙酮易燃。在清洁节气门体时不要使用压缩空气。并戴好护目镜并穿好防护服，以免伤害和接触皮肤。

（4）用一块非纤维质的抹布擦净节气门体内表面。

特别提示：绝对不允许用砂纸或刮刀等清理积垢和结胶，以免损伤节气门体内腔，导致节气门关闭不严或改变急速空气道的尺寸，影响发动机正常工作。

（5）让丙酮完全挥发，并重新装上清洁过的节气门体控制单元［参照图 2-48（b）］。

（6）删除适应值并匹配发动机 ECU。

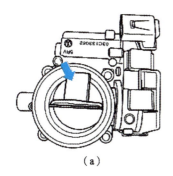 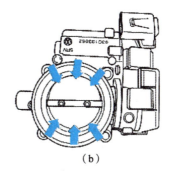

（a） （b）

图 2-48 节气门体的清洗

4．项目实施要求

（1）能按照标准要求拆卸节气门体。
（2）能按照标准要求安装节气门体。
（3）能按照标准要求清洗节气门体。
（4）能删除适应值并匹配发动机 ECU。
（5）实习完成后进行卫生扫除，对实习现场进行全面的检查。

资源 2-10　节气门位置传感器的检测

2.2.2　燃油供给系统检修

1．项目实施准备

大众新宝来 1.4L TSI 车型（或其他车型）1 辆；举升机 1 台；大众专用工具 1 套；通用工具 1~2 套；发动机舱防护罩 1 套；"三件套"（座椅套、转向盘套、脚垫）1 套；学生必须着工装，穿工鞋。

2．项目实施步骤

（1）打开车门，铺好"三件套"，拉动发动机舱盖手柄。
（2）打开发动机舱盖，铺好发动机舱防护罩，拆下发动机护板。
（3）检查蓄电池的电压，确保电压在正常范围内，检查燃油泵的保险丝，确保正常。
（4）打开点火开关，应当立刻就能听到燃油泵的工作声音，燃油泵运转声很轻。
（5）关闭点火开关。
（6）更换燃油泵。
（7）检查燃油系统压力。
（8）更换燃油滤清器。
（9）更换喷油器。

3．项目实施要点

1）燃油泵的检测与更换

检查功能和供电。

打开点火开关，应当立刻就能听到燃油泵的工作声音，燃油泵运转声很轻。若听不到声音则表明有故障。

检查燃油压力。

（1）拆下燃油供油管并用一块抹布收集泄漏的燃油。
（2）安装压力测量仪 V.A.G1318 及其适配接头组件 V.A.G1318/17A 和 V.A.G 1318/17，代替燃油供油管，参照图 2-49（a）。
（3）打开压力测量仪的截止阀（控制杆指向位置 A）。

（4）反复接通点火开关，直到压力表上的燃油压力不再上升。

（5）读取压力表上的燃油压力。额定值为：3.5～5 bar（1 bar=1×10^5 Pa）。

特别提示：避免皮肤接触燃油！操作时应戴上耐燃油手套。

如果燃油压力正常，则检查保持压力。

特别提示：检查前，应保证燃油压力正常且压力测量仪 V.A.G 1318 已连接好。

（1）反复接通点火开关，直到压力表上的燃油压力不再上升。

（2）读取压力表上的燃油压力。额定值为：3.5～5 bar。

（3）注意压力表上的压力应下降。

特别提示：压力在 10 min 后不得低于 3 bar。

（4）如果未达到额定值，则检测燃油滤清器前的燃油压力，参照图 2-49（b）。

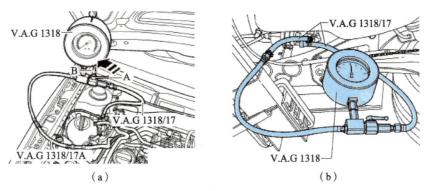

图 2-49 燃油压力检测
（a）代替燃油供油管；（b）检测燃油压力

拆卸燃油泵。

（1）关闭点火开关及所有用电器并拔出点火钥匙。

（2）断开蓄电池的接地线。

（3）脱开后排座椅坐垫并向前翻起。

（4）揭开座椅下的地毯，脱开带有燃油泵控制单元的盖板。

（5）拔出五芯连接插头 1、黑色供油管 3 和蓝色的回油管 2。

提示：松开管路时按压卡环。避免燃油系统受污染，应封闭管路，参照图 2-50（a）。

（6）用扳手松开锁紧螺母，参照图 2-50（b）。

（7）将燃油泵与密封圈一起从燃油箱开口中拉出。

安装燃油泵。

特别提示：在开始装配工作前，应注意安全措施并遵守清洁规定。

以倒序安装燃油泵。安装燃油泵后，检查供油管、回流管以及排气管的安装位置是否正确。安装完后，应查询故障存储器，排除故障并删除故障存储器的数据。

资源 2-11 燃油压力的检测

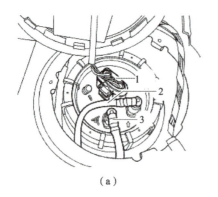
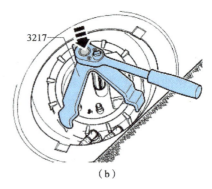

（a） （b）

图 2-50 燃油泵的拆卸

特别提示：在拆卸燃油泵时注意，不要弯折燃油油量传感器。如要更换燃油泵，在妥善处理前必须先将旧的燃油泵排空。

2）燃油滤清器的更换

特别提示：更换时应注意安全措施并遵守清洁规定。

燃油滤清器的拆卸。

（1）将收集容器放在燃油滤清器的下方。

（2）拆下进油管 1 和 3 以及回油管 2。在松开软管连接前，在连接处及周围放置抹布。卸压后应小心地拔出软管，参照图 2-51（a）。

（3）旋出螺栓 4。

（4）取下燃油滤清器。

燃油滤清器的安装。

大体按照倒序进行。滤清器外壳上的销钉 2 必须嵌入滤清器支架上导向件的凹口 1 中，参照图 2-51（b）。

特别提示：流动方向在滤清器壳体上用箭头标出。然后起动发动机，检查燃油滤清器接头处是否泄漏。

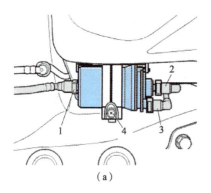
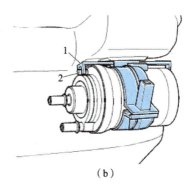

（a） （b）

1、3—进油管；2—回油管；4—螺栓。
1—凹口；2—销钉。

图 2-51 燃油滤清器的更换与安装

3）喷油器的更换

特别提示：在开始工作前应注意安全措施，在每次拆卸喷油器后必须更换喷油器上的特氟龙密封环。

喷油器的拆卸。

（1）拆下进气管下的部件。

（2）用手将O形环向上推，并将其从喷油器上取下，参照图2-52（a）。

资源2-12 燃油滤清器的更换

（3）将锤子T10133/3与起拔器T10133/15拧装在一起。

（4）将起拔器T10133/15装入喷油器上的凹槽中，参照图2-52（b）。

（5）用锤子T10133/3小心地敲击，将喷油器拔出，参照图2-52（b）。

喷油器的安装：按与拆卸相反的顺序进行安装。

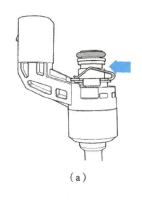
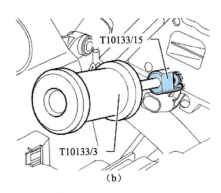

图2-52 喷油器的拆卸

4．项目实施要求

（1）能检测燃油系统压力。

（2）能检查燃油泵的工作性能，能更换燃油泵。

（3）能更换燃油滤清器。

（4）能更换喷油器。

（5）实习完成后进行卫生扫除，对实习现场进行全面的检查。

资源2-13 喷油器的检测

2.2.3 空气流量传感器检修

1．项目实施准备

桑塔纳3000型轿车（或其他车型）1辆；大众专用工具1套；通用工具1~2套；发动机舱防护罩1套；"三件套"（座椅套、转向盘套、脚垫）1套；学生必须着工装、穿工鞋。

资源2-14 喷油器的清洗

2. 项目实施步骤

（1）打开车门，铺好"三件套"，拉动发动机舱盖手柄。

（2）打开发动机舱盖，铺好发动机舱防护罩，拆下发动机护板。

（3）起动发动机。

（4）接上解码器，读取空气流量传感器信号。

（5）拆下空气流量传感器进行检测。

3. 项目实施要点

1）维修电路

图 2-53 为桑塔纳 3000 型轿车发动机热膜式空气流量传感器的电路，1 脚为空脚，2 脚接 12 V 电压，3 脚为 ECU 内搭铁，4 脚接 5 V 参考电压，5 脚为输出端传感器信号。在怠速时，5 脚电压为 1.4 V；急加速时，5 脚电压为 2.8 V。

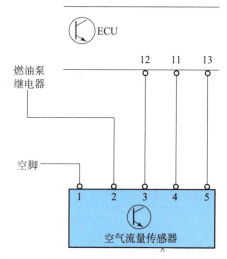

图 2-53　桑塔纳 3000 型轿车发动机热膜式空气流量传感器的电路

2）电阻的测量

（1）线束导通性的测试。

将数字万用表旋转到电阻挡，按图 2-53 所示电路找到空气流量传感器的引脚号和对应的 ECU 信号测试端口的引脚号，分别测试空气流量传感器的 3 脚、4 脚、5 脚与 ECU 的 12 脚、11 脚、13 脚间的电阻值，所有电阻值都低于 0.5 Ω。

资源 2-15　空气流量传感器的检测

（2）线束短路性测试。

将数字万用表设置在电阻 200 kΩ 挡，测量空气流量传感器的 2 脚与 ECU 的 11 脚、12 脚、13 脚之间的电阻，应为 ∞。测量空气流量传感器的 3 脚与 11 脚、13 脚；4 脚与 12 脚、13 脚；5 脚与 11 脚、12 脚之间的电阻值均应为 ∞。

3）电压的检测

（1）电源电压的检测。

打开点火开关，将数字万用表设置在直流电压 20 V 挡，红表笔置于空气流量传感器的 2 脚，黑表笔置于电瓶负极或发动机进气歧管壳体，打开起动机时，万用表应显示 12 V；红表笔置于空气流量传感器的 4 脚，黑表笔置于电瓶负极或发动机进气歧管壳体，万用表应显示 5 V。

（2）信号电压的测量。

信号电压的测量分单件测量和就车测量。

单件检测。取一套空气流量传感器总成部件，将蓄电池电压施加在空气流量传感器的电器插座的 2 脚，将 5 V 电压施加在 4 脚上，将数字万用表设置在直流电压 20 V 挡，测量空气流量传感器电器插座的 3 脚和 5 脚间的电压，应显示为 1.5 V 左右；使用电吹风从空气流量传感器的格栅段向空气流量传感器吹入冷空气或加热的空气，测量空气流量传感器电器插座的 3 脚和 5 脚间的电压，电压应顺势上升至 2.8 V 后回落。若不能满足上述条件，可以判定空气流量传感器有故障。

就车检测。起动发动机至工作温度，将数字万用表设置在直流电压 20 V 挡，测量空气流量传感器 5 脚的反馈信号，红表笔接空气流量传感器的 5 脚，黑表笔接空气流量传感器的 3 脚、蓄电池负极或进气歧管壳体，急速时应显示电压为 1.5 V 左右；急踩加速踏板时应在 2.8 V 左右变化。若不符合上述变化，或电压反而下降，则在电源电压与参考电压完好的前提下，可以判定空气流量传感器损坏，必须进行更换。

2.3 知识与能力拓展

2.3.1 汽油机缸内直喷技术

近年来各大汽车公司开发了多种发动机节能新技术，其中汽油机缸内直喷技术（简称 GDI）无论在减小油耗还是在降低排放方面，效果均十分明显，已成为车用汽油机一个十分重要的发展方向。

1. 汽油机缸内直喷工作原理

传统的进气歧管喷射发动机是在进气歧管中喷油再与空气形成混合气，最后才进入气缸内燃烧，其原理如图 2-54 所示。在此过程中，因为喷油器到燃烧室还有一定距离，汽油同空气的混合情况受进气气流和节气门开闭的影响较大，并且微小的油粒会吸附在管道壁上，在进气歧管表面形成油膜，使动力性降低并增加油耗。

缸内直喷直接将燃油喷射在发动机气缸内，在气缸内直接与空气混合，其原理如

图 2-55 所示。ECU 可以根据吸入的空气量精确地控制喷油量和喷射时刻，高压燃油喷射系统可以使混合气的雾化和混合效率更加优化，使符合理论空燃比的混合气得到充分燃烧，从而降低油耗，提高发动机的动力性能。

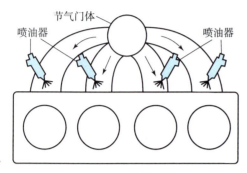

图 2-54 进气歧管喷射原理

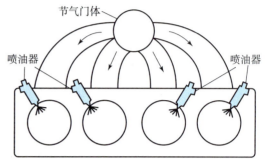

图 2-55 缸内直喷原理

2．汽油机缸内直喷技术的特点

缸内直喷发动机与进气歧管喷射发动机相比有如下优点。

（1）大负荷或全负荷工况时，缸内直喷发动机在进气行程中将燃油喷入燃烧室，由于油束的移动速度小于活塞的下行速度，使得油束周围的压力较低，燃油迅速扩散蒸发，进而形成均质燃烧混合气。另外，燃油蒸发吸收热量使缸内温度降低，增强了抗爆震性能。因此，缸内直喷发动机可以有较高的压缩比，提高了发动机的热效率，一般可提高至 11%～14%。另外由于缸内温度降低，提高了充量系数，因此可发出较大的功率。

资源 2-16 缸内直喷

（2）缸内直喷发动机在中、小负荷工况时采用分层燃烧模式，燃油浓度呈现梯度分布，即在缸壁附近分布的大部分是空气，有效地防止了热量传递给缸体缸盖水套，降低了热量损失，提高了燃烧的热效率，进一步降低了燃油消耗，从而提高了发动机的经济性。

（3）进气歧管喷射发动机在冷起动过程中，缸内温度低，混合气蒸发不完全，致使实际喷油量远远超过了按理论空燃比计算得到的喷油量，而且在冷起动时易出现失火或不完全燃烧的现象，使碳氢化合物（HC）排放增加。相反，缸内直喷技术发动机可以精确地控制每个循环的喷油量，结合分层燃烧直接起动技术，可以降低冷起动时的 HC 排放，瞬态响应好。

3．福特汽油机缸内直喷技术

福特 EcoBoost 发动机采用的是缸内直喷的燃油喷射方式，在进气行程中喷油，与进气歧管多点喷射的发动机相比，燃油与空气的混合时间更短。为了提高燃油的雾化效果，缸内直喷发动机要求燃油有很高的压力（最大燃油压力可达到 15 MPa）。

1) EcoBoost 发动机燃油喷射系统的结构及工作过程

EcoBoost 发动机的燃油喷射系统的结构如图 2-56 所示。系统由高压燃油泵、高压油管、油轨、油压传感器、喷油器及低压燃油泵组成。

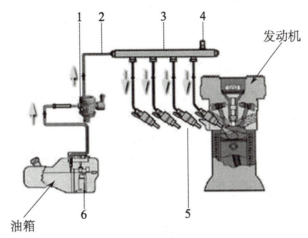

1—高压燃油泵；2—高压油管；3—油轨；4—油压传感器；5—喷油器；6—低压燃油泵。

图 2-56　EcoBoost 发动机的燃油喷射系统的结构

（1）低压燃油系统

低压部分采用了无回流燃油供给系统。电动燃油泵在不同的工况下只是把所需的燃油输送给高压燃油泵，因此无回油。油箱上安装了一个单独的燃油泵控制模块（FPDM），其电压由 GEM 供应。动力控制模块 PCM 根据发动机不同工况，将目标油压的控制信息传递给 FPDM，这个信号是一个低频的 PWM 信号（为 300~500 Hz），占空比在 10%~85% 之间。FPDM 在收到 PCM 发送过来的目标油压控制信息后，又以高频信号（大约为 10 kHz）驱动电动燃油泵，此时占空比在 0~100% 之间。PWM 信号改变时，电动燃油泵的速度就会随之改变，从而改变低压油管的燃油压力。

低压油管的燃油压力传感器把当前的低压油管的油压值反馈给 PCM，如此就实现了对低压燃油压力的闭环控制。由于 PCM 对低压油管的油压进行控制，所以输入到高压燃油泵上的油压只有 0.38~0.62 MPa。

油管上安装有一个单向阀和限压阀。限压阀可防止低压端压力过高，当压力达到 830~930 kPa 时，阀门开启，多余的燃油返回到油箱。单向阀可确保发动机停机后的油压稳定，防止燃油回流到油箱。单向阀的弹簧弹力是预先设定好的，只有在压力超过 125 kPa（绝对压力）时才会开启。

电动燃油泵在长时间高速运转时会产生很高的热量，当燃油通过燃油泵后会使燃油的温度升高，在低压油管里容易形成气泡，严重的情况下会产生气堵而造成发动机停机或难以起动。因此，可通过限压阀（直径为 0.55 mm）除去油管中的燃油蒸汽，提高低压油管的燃油流速，从而避免在任何工况下产生气泡（气阻）。

低压油管的维修说明：怠速时，油压稳定在 0.32~0.34 MPa，发动机停机后油压逐渐降低，大约 30 min 后，油压会至少稳定在 0.21 MPa。

维修燃油系统时，必须先泄压，并且严格按照维修手册上的操作程序进行。具体泄压方法如下：①在怠速运转时，将燃油计量阀 1 MV 的连接插头拔掉；②拔掉 FPDM 上的燃油泵保险 F13。

（2）高压燃油系统

高压部分的结构包括高压燃油泵、油压传感器、油轨、喷油器等。高压燃油泵为单缸泵，由排气凸轮驱动，带有进油计量阀，燃油泵的油压为 15 MPa。来自低压部分的燃油在高压燃油泵中形成高压，经高压油管到达油轨，油压传感器负责检测油轨中的油压，以便精确地控制油轨中的燃油压力。最后由喷油器将高压燃油喷入气缸。

发动机的喷油器是 7 孔喷油器，燃油雾化状态和角度是可调的，燃油以一定精确的喷射角度喷射到燃烧室，因此，喷油器上的喷孔采用了偏心的设置。

2）工作模式

EcoBoost 发动机有均质模式和催化器加热模式两种喷射模式。

当发动机在正常工作温度下工作时，喷射模式为均质模式，如图 2-57 所示。此时，燃油喷射量按照理论空燃比（14.7∶1）精确计算，燃油在进气行程中喷射，使得混合气有足够的时间混合均匀。在均质模式下，燃烧很大程度上相当于一个非直喷发动机的工作模式。

当发动机温度较低时，喷射模式为催化器加热模式，如图 2-58 所示。采用 2 段喷射技术，将燃油分两次喷入燃烧室（分别在进气行程和压缩行程中喷射），以达到快速加热三元催化转化器的目的。第一次喷射与均质模式一样，在进气行程中喷油；第二次喷射发生在压缩行程中，在进气门关闭后快速喷射，以形成一个浓的油核围绕在火花塞周围，点火时刻被推迟，使得尽可能多的燃烧余热可以进入排气管，从而快速加热三元催化转化器，以降低 HC 和 NO_x 的排放。

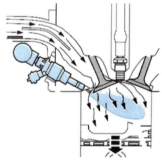

图 2-57 均质喷射模式

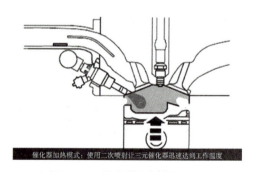

图 2-58 催化器加热喷射模式

知识链接

通用将燃油直喷技术的代号定为 SIDI，SIDI 是 Spark Ignition Direct Injection 的缩写，直译为火花点燃直接喷射技术。其实现的原理和一般的直喷发动机并无二致：凸轮轴驱动的燃油泵为供油系统提供高压燃油，共轨喷油嘴将高压燃油直接注入气缸，点火时间就可以得到精确的控制，而且高压喷射和极细的喷嘴设计保证了喷油量的精确计算。缸内直喷技术代替了传统 MPFI（多点电喷）技术之后，发动机在低转速下的燃烧效率被进一步提升。

另外，通用的 SIDI 技术依靠的是缸内均质燃烧来提升效率，并没有使用稀薄分层燃烧技术。由于国内油品的限制，引入国内的直喷发动机均不使用分层燃烧，通用的 SIDI 也没有例外。不过没有使用分层燃烧也使 SIDI 发动机拥有"不挑食"的优势，官方产品手册上也并没有提及应对 SIDI 发动机做出任何特殊的养护要求，这也是它与大众系直喷发动机相比而言最大的优势所在。

2.3.2 发动机稀薄燃烧技术

随着汽车保有量的增加，能源危机和环境污染问题日益严重，对发动机燃油经济性和排放性能的要求越来越高。为解决这两大难题，将发动机空燃比控制在稀薄燃烧区，不仅可以有效地降低燃油消耗率，而且会使其排放特性明显改善。

发动机稀薄燃烧技术就是利用稀混合气驱动发动机做功的一种技术。如果发动机的空燃比大于 18∶1，则可以称之为稀薄燃烧。实际采用稀薄燃烧技术的发动机的空燃比可能远高于这一比值。

1．发动机稀薄燃烧技术的特点

受汽油的辛烷值和爆震燃烧等因素的限制，传统汽油机只能采用较低的压缩比，造成发动机的热效率较低。而且汽油机缸内燃烧属均质预混合燃烧，燃烧的温度高，火焰传遍整个燃烧室的时间长，燃烧过程会产生较多的 NO_x 和不完全燃烧产物 CO 和 HC。另外，汽油机需要用节气门控制进气量来调节发动机的功率，部分负荷时的泵气损失增加会使发动机的热效率进一步降低。

因此，现代发动机多利用稀薄燃烧的方式工作，即在确保火花塞周围有适于点火的混合气浓度的情况下，通过 ECU 使发动机的实际空燃比大于理论空燃比（14.7∶1），以实现良好的燃油经济性和排放性能。一般发动机以较稀薄的混合气，即空燃比在（15~16∶1）范围内运转，但在稀薄燃烧发动机中，将以更为稀薄的混合气，空燃比甚至可以大于 18。

稀薄燃烧技术的最大特点就是燃烧效率高。稀燃时，由于混合气中的氧气较多，燃料燃烧比较充分，同时燃烧温度也有所降低，所以CO、HC和NO_x等有害气体的排放都会减少。此外，由于稀燃时的混合气和燃气的比热容较小，压缩指数升高，再加上进气节流造成的泵气损失减少，能够提高发动机的热效率，从而改善发动机的动力输出。

2. 发动机稀薄燃烧技术的工作原理

车用汽油机按照燃油喷射的不同形式，可分为气道喷射（PFI）稀薄燃烧技术和直接喷射（GDI）稀薄燃烧技术。

1）PFI稀薄燃烧技术

四气门发动机通过气流与喷射相匹配，在缸内形成混合气浓度的梯度分布。缸内气流运动规律通过直进气道和螺旋气道控制，在中小负荷工况运行时关闭直进气道，进入气缸的气流在螺旋气道的导向作用下，在缸内形成一定强度的涡流，并与喷油时刻配合，实现稀薄燃烧；大负荷时，直进气道和螺旋进气道同时开启，减小缸内涡流强度，提高充气效率，实现功率混合气的均质燃烧。

PFI稀薄燃烧分为轴向分层稀薄燃烧和横向分层稀薄燃烧。轴向分层稀薄燃烧配合缸内气流在进气晚期进行喷射，通过缸内强涡流实现混合气浓度的梯度分布。喷油时刻决定缸内浓混合气的位置，从而确定火花塞的位置。利用进气道的导向作用在缸内形成较强的轴向涡流，在压缩过程中轴向涡流的强度有所衰减，但能保持一定强度，配合缸内的气流特性，通过ECU控制喷油器在进气后期的恰当时刻喷油，由此通过缸内轴向涡流的作用，在气缸内形成上浓下稀的混合气浓度梯度分布，实现稀薄燃烧。

PFI稀薄燃烧技术能改善经济性和排放特性，但由于节气门的存在，泵气损失增大，影响中小负荷燃烧效率的提高；在混合气形成过程中，进气道及气门处黏附油膜，直接影响气缸内的混合气质量，不利于发动机快速起动、瞬态过渡响应特性以及更精确地控制混合气浓度；空燃比小于27，节能效果有限，很难进一步降低NO_x的排放。

2）GDI稀薄燃烧技术

GDI稀薄燃烧技术包括缸内气流特性控制、采用高压旋流式喷油器的喷雾及喷射时间控制、喷射压力控制和稀薄燃烧等。

GDI稀薄燃烧技术的示意图如图2-59所示，GDI发动机燃烧室内气流的组织采用壁面导向方式，通过活塞顶部燃烧室的形状，将喷油器喷射的燃油导向气缸上部流动，配合燃烧室内形成的挤流，在火花塞附近形成浓混合气。气流导向方式通过燃烧室的结构，配合进气道的导向，在缸内形成涡流和滚流，配合喷射时间以实现混合气浓度的分层分布，在适当位置设置火花塞可靠点燃混合气。喷雾导向方式配合气缸内的气流特性，以合理布置火花塞及喷油器喷射的相对位置来实现稀薄燃烧。

图2-59 GDI稀薄燃烧技术的示意图

GDI 喷射方式能实现均质混合气燃烧和混合气浓度分层燃烧。GDI 分层稀薄燃烧的缸内直喷汽油机的启喷压力为 2 MPa，发动机压缩比可提高到 12，从而提高发动机的热效率，改善发动机的燃油经济性。

综合应用案例

【案例概况】

一辆行驶里程 150 000 km 的爱丽舍轿车，出现行驶无力、提速困难、最高车速低于 80 km/h 的现象，检查发动机舱线路和管路正常，接解码器检查，显示系统正常，检查燃油系统油压，油压在 180 kPa 左右抖动，明显低于标准值。之后进行喷油器滴漏检查和燃油压力调节器检查。

【案例解析】

检查喷油器正常，检查燃油压力调节器正常，检查燃油滤清器正常，检查燃油系统油压，如果是 180 kPa，明显低于正常值，燃油泵磨损间隙过大，导致燃油泵压力低，即喷油压力低，喷油量减少，从而行驶无力、提速困难。

本项目小结

（1）燃油喷射系统由采用连续喷射的机械式燃油喷射系统（简称为 K 型燃油喷射系统）开始，增加一个由计算机控制的电液式压差调节器，发展到 KE 型燃油喷射系统；德国 BOSCH 公司首先研制成功电控燃油喷射系统，电控燃油喷射技术历经晶体管、集成电路到微机处理三大发展进程。直到目前，各种汽车上应用的电控燃油喷射系统都是以 BOSCH 公司产品为原形发展而来的。电控燃油喷射系统简称为"EFI"，是由该系统的英文"Electronic Fuel Injection"简化而来的。

（2）电控燃油喷射系统的作用是对喷油正时、喷油量、燃油停供及燃油泵进行控制。根据发动机的工作情况，配制一定数量和浓度的混合气供往气缸，使发动机正常工作并保证其良好的性能，以提高其动力性、经济性和排气净化程度。

（3）电控汽油机的燃油供给系统由油箱、电动燃油泵、燃油滤清器、燃油分配管、喷油器、压力调节器等组成。对于不同类型的电控汽油机，燃油供给系统的组成部件可能会有些差异，但总体构成上基本相似。

（4）空气流量传感器用于 L 型电控燃油喷射系统中，它的作用是将单位时间内吸入发动机气缸的空气量转换成电信号送至 ECU，作为决定喷油量和点火正时的基本信号之一，按其结构形式和进气量检测原理的不同可以分为以下 4 种：叶片式空气流量传感器、卡门涡旋式空气流量传感器、热线式空气流量传感器、热膜式空气流量传感器，热线式空气流量传感器和热膜式空气流量传感器性能优良、安装方便，应用广泛。

（5）燃油供给系统的作用是储存、输送清洁燃油，并根据发动机的各种不同工况，将适量的压力燃油与空气混合，以供给气缸一定浓度和数量的可燃混合气。

（6）电动燃油泵是电喷发动机的基本部件之一，其作用是把燃油从油箱中吸出，加压后输送到管路中，和燃油压力调节器配合建立合适的系统压力。电动燃油泵按其泵体结构的不同，可分为涡轮式电动燃油泵、滚柱式电动燃油泵、齿轮式电动燃油泵和侧槽式电动燃油泵等。

（7）为防止拆卸燃油系统时，压力油喷出，拆卸前应释放燃油系统的压力。

（8）通过本项目的实施，能正确认识发动机电控燃油喷射系统中各传感器、执行器的结构和工作原理。整个项目实施包括：节气门体的故障检测方法和步骤，节气门体的拆卸、清洗、安装方法，燃油系统压力检测步骤。此外，还介绍了燃油泵的检测与更换方法、燃油滤清器的更换方法和喷油器的更换方法。

一、单选题

1. D 型 EFI 系统是以 _____ 方式测量进气量。
   A. 质量流量　　　　　　　　B. 速度密度
   C. 节流速度　　　　　　　　D. 直接测量

2. L 型电控燃油喷射的主控信号来自于 _____。
   A. 空气流量传感器和转速传感器
   B. 空气流量传感器和冷却液温度传感器
   C. 进气压力和进气温度传感器
   D. 进气压力和转速传感器

3. 关于热线式空气流量传感器，_____ 的说法是不正确的。
   A. 进气阻力小　　　　　　　B. 测量的是空气体积流量
   C. 用于 L 型 EFI 系统　　　　D. 测量精确

4. 起动期间，基本燃油喷射时间是由 _____ 信号决定的。
   A. 发动机转速　　　　　　　B. 冷却液温度
   C. 进气量　　　　　　　　　D. 进气压力

5. 当节气门急剧关闭时，空燃比大幅度变化，这时怠速控制阀处于全开状态，其目的是 _____。
   A. 减少 NO_x 排放　　　　　B. 减少 HC 和 CO 排放
   C. 实施发动机制动　　　　　D. 提高发动机转速

6. 为减少有害气体的排放，在下列 _____ 工况下，最适合实行闭环控制。
   A. 起动　　　　　　　　　　B. 大负荷
   C. 加速　　　　　　　　　　D. 中负荷

二、多选题

1. 曲轴位置传感器有（　　）。
   A．光电式　　　　B．霍尔效应式　　　C．磁感应式　　　D．电容式
2. 节气门位置传感器有（　　）。
   A．触点开关式　　　　　　　　　B．线性可变电阻式
   C．综合式　　　　　　　　　　　D．磁感应式
3. 下列哪些项目需要释放燃油系统压力（　　）。
   A．更换燃油泵　　　　　　　　　B．更换燃油滤清器
   C．更换燃油泵继电器　　　　　　D．断开燃油泵插接器
4. 下列哪两种空气流量传感器应用更广泛（　　）。
   A．热线式　　　　B．叶片式　　　C．热膜式　　　D．涡流式
5. 下列说法正确的是（　　）。
   A．燃油泵磨损过度可能导致燃油系统油压过低
   B．喷油器喷油量相差过大，发动机会抖动
   C．燃油压力调节器损坏可能导致系统油压不正常
   D．燃油压力调节器都安装在油泵总成上

三、简答题

1. 电控燃油喷射系统有哪些控制功能？
2. 空气供给系统由哪些结构组成？
3. 燃油供给系统是如何工作的？
4. 空气流量传感器是如何检测进气量的？
5. 清洗节气门体有哪些注意事项？
6. 如何检测燃油系统的压力？
7. 如何检测燃油泵的工作性能？
8. 如何检测喷油器的工作性能？
9. 如何检测空气流量传感器的工作性能？

四、案例题

现有一辆行驶里程约 18 500 km 的奥迪 A6L 轿车。用户反映：该车在行驶过程中加速无力，怠速时有轻微发抖现象。连接故障诊断仪，无任何故障码储存；检查点火系统，各缸均正常，维修人员怀疑燃油系统的喷油器有问题，请列出该车的故障诊断流程并提出主要的理由。

项目三 发动机电控点火系统检修

学习目标

（1）知晓汽油机对点火系统的基本要求。
（2）掌握电控点火系统的组成和基本工作原理。
（3）了解点火提前角和闭合角对汽油机性能的影响及控制的方法。
（4）掌握电控有分电器和无分电器点火系统的点火方式和工作原理。
（5）能对爆震传感器进行性能检测。
（6）学会点火系统主要零部件的检测方法。
（7）能正确检查点火的高压低压电路，并能对常见故障进行检修。

学习要求

能力目标	知识要点	权重
能描述电控点火系统的组成和工作过程	电控点火系统的组成、工作原理	20%
熟知有分电器和无分电器点火系统的特点和工作原理	有分电器点火系统；无分电器点火系统	40%
会检测点火系统的主要部件	电控点火系统的主要部件及检修	30%
能正确检查点火系统的高压电路和低压电路，并能对常见故障进行检修	电控点火系统的检修	10%

引 例

一辆大众宝来 1.6 L 轿车，行驶历程超过 80 000 km，最近起动困难，怠速、加速时发动机有抖动明显现象，故障指示灯点亮。现需要对点火系统的故障进行诊断，确认故障部位并进行维修。

3.1 相关知识

3.1.1 对点火系统的基本要求

点火系统应在发动机各种工况和使用条件下都能保证可靠且准确地点火，以保证汽油机的动力性、经济性、排放性能等处于良好状态，为此点火系统应满足以下基本要求。

1．能产生足以击穿火花塞两电极间隙的电压

使火花塞两电极之间的间隙击穿并产生电火花所需要的电压，称为火花塞的击穿电压。火花塞击穿电压的大小与中心电极和侧电极之间的距离（火花塞间隙）、气缸内的压力和温度、电极的温度、发动机的工作状况等因素有关。在低速大负荷时，所需的击穿电压为 8～10 kV，而在起动时所需的击穿电压最高可达 17 kV。为了能可靠地点燃可燃混合气，点火系统提供的击穿电压除必须满足不同工况的要求外，点火系统所能提供的电压还应有一定的宽裕度，目前大多数电控汽油机点火系统所能提供的击穿电压已超过 30 kV。

2．电火花应具有足够的点火能量

为了使混合气可靠点燃，火花塞产生的火花应具备一定的能量。一般情况下，电火花的能量越大，混合气的着火性能越好。点燃混合气所必需的最低能量与混合气的浓度、火花塞电极间隙及电极的形状等因素有关。在发动机正常工作时，由于接近压缩终点时混合气已经具有很高的温度，因此所需的火花能量较小，一般为 3～8 mJ。在起动工况、急速工况、节气门开度快速变化的非稳定工况，则需较高的点火能量。为保证可靠点火，电火花一般应具有 50～80 mJ 的点火能量，目前电控的高能点火装置能提供的点火能量都超过了 80～100 mJ。

3．点火时刻应与发动机的工作状况相适应

首先发动机的点火时刻应满足发动机工作循环的要求；其次可燃混合气在气缸内从开始点火到完全燃烧需要一定的时间（千分之几秒），所以要使发动机产生最大的功率，就不应在压缩行程终了（上止点）点火，而应适当地提前一个角度。

这样当活塞到达上止点时，混合气已经接近充分燃烧，发动机才能发出最大功率。较佳的点火提前角不仅能提高汽油机的动力性、降低燃油消耗率，也能减少汽油机有害物的生成量。

3.1.2 电控点火系统的基本组成及工作原理

1．电控点火系统的基本组成

电控点火系统主要由传感器、ECU、点火控制器及点火线圈等几部分组成，如图3-1所示。

资源3-1 点火系统的基本工作原理及要求

传感器用于监测发动机的运行状况，ECU用于处理信号和发出点火指令，点火控制器用于对点火指令做出响应。

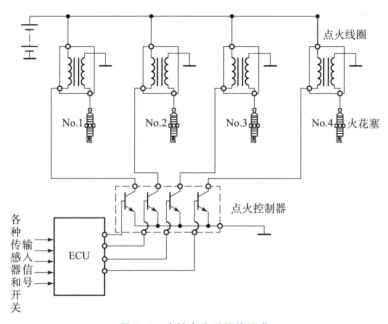

图3-1 电控点火系统的组成

1）传感器

点火系统的控制原理如图3-2所示，曲轴位置传感器向ECU提供发动机转速信号、曲轴转角信号，转速信号用于计算确定点火提前角，曲轴转角信号用于控制点火时刻（点火提前角）。凸轮轴位置传感器采集凸轮轴的位置信号输入ECU，以便ECU识别一缸压缩上止点，从而进行点火时刻控制和爆震控制。由于凸轮轴位置传感器能够识别是哪一缸活塞即将到达上止点，所以又称其为判缸传感器。

空气流量传感器（AFS）和节气门位置传感器（TPS）向ECU提供发动机负荷信号，用于计算确定点火提前角。

爆震传感器（KS）信号、冷却液温度信号（CTS）、进气温度信号（IATS）、车速信号（VSS）、以及空调开关信号（A/C）等用于修正点火提前角。

资源3-2 曲轴转速传感器

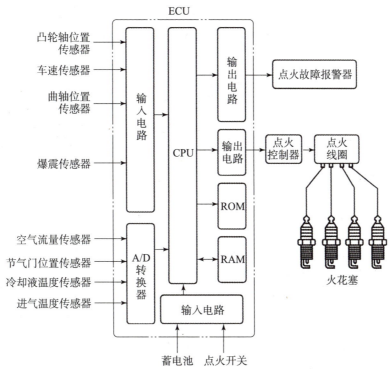

图 3-2 微机控制点火系统的控制原理

爆震传感器是电控点火系统专用的一个传感器，ECU 可根据爆震传感器输出的信号来判断发动机是否发生爆震，从而对点火提前角进行修正，实现点火提前角的闭环控制。除爆震传感器，其他传感器基本上都与电控燃油喷射系统共用。

特别提示：爆震传感器用来判断发动机是否发生爆震并将信号传给 ECU，ECU 通过推迟点火提前角来降低爆震，是典型的闭环控制。

资源 3-3　凸轮轴位置传感器

2）ECU

在 ECU 的只读存储器（ROM）中，除存储有监控和自检等程序之外，还存储有由台架试验测定的该型发动机在各种工况下的最佳点火提前角脉谱图，如图 3-3 所示。

随机存储器（RAM）用来存储微机工作时暂时需要存储的数据，如输入/输出数据、单片机运算得出的结果、故障码、点火提前角修正数据等。这些数据根据需要可随时调用或被新的数据改写。CPU 不断接收上述各种传感器发送来的信号，并按预先编制的程序进行计算和判断，向点火控制器发出接通与切断点火线圈初级电路的控制信号。

资源 3-4　空气流量传感器

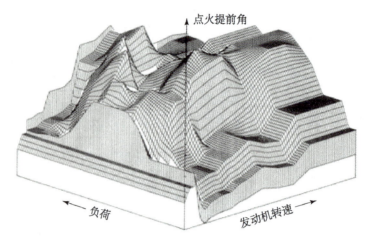

图 3-3　最佳点火提前角脉谱图

ECU一般都与电控燃油喷射系统共用。

3）点火控制器

点火控制器又称为点火模块、点火电子组件、点火器或功率放大器，是微机控制点火系统的功率输出级，它接收ECU输出的点火控制信号并进行功率放大，以驱动点火线圈工作。

点火控制器的电路、功能与结构根据车型的不同而不同，有的与ECU制作在同一块电路板上；有的为独立总成，并用线束与ECU相连。各种发动机的点火控制器的内部结构不一样。有的只有大功率三极管，单纯起开关作用；有的除起开关作用外，还有气缸判别、闭合角控制、恒流控制、发出安全信号等作用；有的不单设点火控制器，只将大功率三极管组合在ECU中，由ECU直接控制点火线圈中的初级电流通断。

4）点火线圈

现代电控发动机的点火线圈都采用闭磁路式，因为其铁芯是闭合的，磁通全部经过铁芯内部，铁芯的导磁能力约为空气的10 000倍。

2. 电控点火系统的基本工作原理

电控点火系统的基本工作原理如图3-4所示，当点火开关处于闭合状态时，来自蓄电池的电流依次经过点火开关、熔断丝、点火线圈中的初级线圈，当点火器中的三极管处于导通状态时构成搭铁回路，此时，初级线圈将电能转化成磁场能并存储在初级线圈中。当需要点火时，点火控制器按发动机ECU输出的点火正时信号（IGT）让三极管截止，从而快速地切断流往初级线圈的电流，初级

资源 3-5　曲轴位置传感器

资源 3-6　点火控制器

资源 3-7　点火线圈

资源 3-8　电控点火系的工作原理

线圈的磁通量迅速减小并产生自感电动势，同时在次级线圈互感效应下产生 6~30 kV 的高压电动势，再通过火花塞产生火花放电。

特别提示： 从 12 V 到 6~30 kV 经过了自感和互感两级放大，最后达到足以击穿火花塞电极间隙的电压。

资源 3-9　霍尔式点火系统

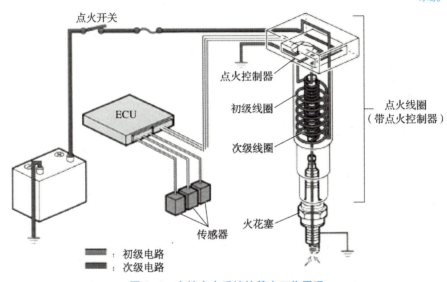

图 3-4　电控点火系统的基本工作原理

3.1.3　电控点火系统的类型

电控点火系统按有、无分电器可分为有分电器电控点火系统和无分电器电控点火系统，无分电器电控点火系统根据高压配电的方式不同又可分为单缸独立点火和双缸同时点火，如图 3-5 所示。

有分电器电控点火系统：该系统保留了分电器，点火线圈产生的高压电经过分电器中的配电器分配至各缸，使各缸火花塞按点火顺序依次点火。

无分电器电控点火系统（直接点火系统）：该点火系统取消了分电器，点火线圈上的高压线直接与火花塞相连。

3.1.4　有分电器电控点火系统

1．有分电器电控点火系统的组成

有分电器电控点火系统主要由各种传感器、ECU、点火控制器、点火线圈、火花塞、高压线等组成，如图 3-6 所示。

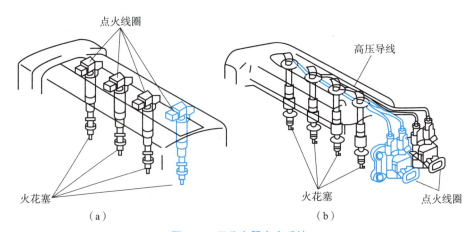

图 3-5 无分电器点火系统
（a）单缸独立点火；（b）双缸同时点火

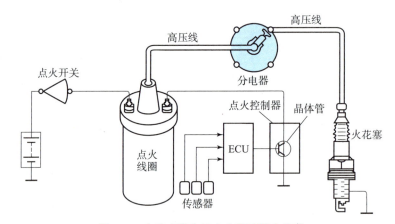

图 3-6 有分电器电控点火系统基本组成

2. 有分电器电控点火系统的配电方式

发动机工作时，ECU 根据各传感器信号确定某缸点火时间，向点火控制器发出指令信号，点火控制器控制点火线圈内的初级电路通电或断电。

当点火线圈中的初级电路断电时，次级线圈产生的高压电输送给分电器，分电器按照发动机的点火顺序，依次将高压电输送给各缸高压分缸线，高压分缸线再传给火花塞，火花塞跳火，点燃气缸内的混合气。有分电器电控点火系统的主要特点是只有一个点火线圈并且装配有分电器。

3. 有分电器电控点火系统的工作原理

电控点火系统的分电器与传统的分电器相比，取消了断电器等装置，不再承担点火线圈一次线圈电路的通断控制任务，仅具有对高压电进行分配的作用。在大多数情况下，此种分电器都内装凸轮轴位置传感器，为 ECU 提供凸轮轴位置和上止点信号。有的车型甚至将点火线圈和点火控制器全都集成在一分电器内。

有分电器电控点火系统的工作原理如图3-7所示，各传感器用于给ECU提供各种信号，这些信号主要用于点火提前角及初级线圈通电时间的控制，ECU则根据这些信号进行分析、计算，得出一最佳的控制信号去驱动大功率三极管。当三极管导通时，线圈通电储能，当三极管截止时在线圈中产生高压电。

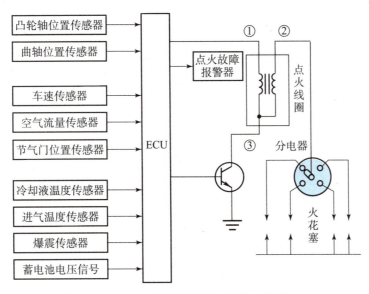

图3-7 有分电器电控点火系统的工作原理

工作时，ECU发出点火控制信号（IGT信号）至点火控制器，当IGT信号为低电位时，大功率晶体管截止，点火线圈一次线圈电路切断，二次线圈产生高压电。同时触发点火，确认反馈信号IGF发生电路，并输出反馈信号IGF给ECU，如图3-8所示。

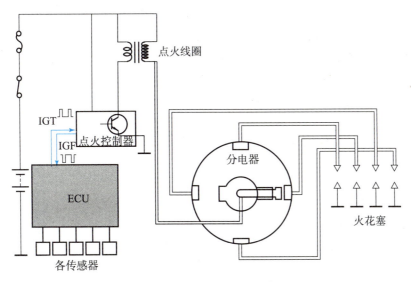

图3-8 电控点火系控制及反馈信号

由于在电控燃油喷射系统中,喷油器的驱动信号来自于曲轴位置传感器,所以当点火系统出现故障,火花塞不点火,而曲轴位置传感器正常工作时,喷油器会照常喷油,造成气缸内喷油过多,导致车辆再起动困难或行车时三元催化转化器过热。为避免这种现象发生,当IGF信号连续3~5次无反馈信号送入ECU时,ECU判断点火系统有故障,并强行中止喷油工作。

IGT信号的形态如图3-9所示。该信号为高电平时,初级电路导通;该信号为低电平时,初级电路被切断,点火线圈产生高压电点火。

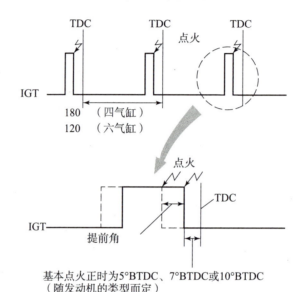

图3-9　IGT信号的形态

工作中,点火控制器还会根据点火线圈初级电路的感应电动势向ECU反馈点火确认信号(IGF信号),以表明点火系统工作正常。如果ECU连续6次或8次接收不到该点火确认信号,就会判定点火系统存在故障,其内部会储存相应的故障码,同时,为了避免燃油冲刷气缸的润滑油膜,还会指令喷油器停止工作(失效保护功能)。

IGF信号的产生方法为:ECU向点火控制器发送5 V左右的信号参考电压,每点1次火,点火控制器就将该信号参考电压接搭铁1次,使其电平变为0电平1次,ECU则根据该0电平来判定点火状态。

特别提示:IGF信号用于检测点火电路工作性能的好坏,ECU据此进行故障进行诊断及停止喷油等控制。

4. 有分电器微机控制点火系统的缺点

有分电器的配电方式尽管工作效率较高,但它也存在以下缺点。

(1)分火头与分电器盖旁的电极之间必须保留一定间隙才能

资源3-10　有分电器电控点火系统的工作过程

进行高压电的分配，这一间隙的存在必定会损失一部分火花能量，同时也是汽车上的一主要的无线电干扰源。为了抑制无线电的干扰信号，高压线采用了高阻抗电缆，也要消耗一部分能量。

（2）分火头、分电器盖或高压导线在使用中可能会漏电，漏电时会导致高压电火花减弱、缺火或断火而使发动机工作不良或熄火。

（3）曲轴位置传感器转子由分电器轴驱动，旋转机构的机械磨损会影响点火时刻的控制精度。

（4）分电器安装的位置和占据的空间，会给发动机的结构布置和汽车的外形设计造成一定的困难。

3.1.5 无分电器电控点火系统

1. 双缸同时点火

双缸同时点火是指点火线圈每产生一次高压电，都使两个气缸的火花塞同时跳火。次级线圈产生的高压电将直接加在2个气缸（四缸发动机的1、4缸或2、3缸；六缸发动机的1、6缸，2、5缸或3、4缸）的火花塞电极上跳火。双缸同时点火时，一个气缸处于压缩行程末期，是有效点火；另一个气缸处于排气行程末期，缸内温度较高而压力很低，火花塞电极间隙的击穿电压很低，对有效点火气缸火花塞的击穿电压和火花放电能量影响很小，是无效点火。曲轴旋转一转后，两缸所处行程恰好相反。图3-10为桑塔纳2000GSi双缸同时点火的点火线圈。

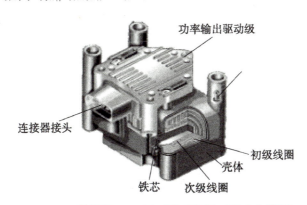

图3-10　桑塔纳2000GSi双缸同时点火的点火线圈

双缸同时点火时，高压电的分配方式又分为点火线圈分配式和二极管分配式两种。

（1）点火线圈分配式。点火线圈分配式双缸同时点火方式的电路如图3-11所示，桑塔纳2000GSi、桑塔纳3000型、捷达AT、捷达GTX型和奥迪200型轿车的点火系统都采用了这种配电方式。点火线圈组件由2个（四缸发动机）或3个（六缸发动机）独立的点火线圈组成，每个点火线圈为成对的2个火花塞工作。

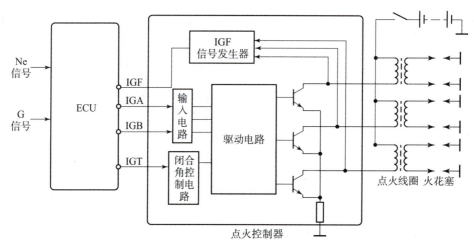

图 3-11 点火线圈分配式双缸同时点火方式的电路

点火控制组件中设有与点火线圈数量相等的功率三极管，分别控制对应的点火线圈工作。点火控制器根据 ECU 输出的点火控制信号，按点火顺序轮流触发功率三极管导通与截止，从而控制每个点火线圈轮流产生高压电，再通过高压线直接输送到成对的两缸火花塞电极间隙上跳火点燃可燃混合气。

（2）二极管分配式。二极管分配式无分电器点火系统是将来自点火线圈的高压电直接分配给火花塞。该系统所用点火线圈及基本电路如图 3-12 所示，其点火线圈的初级线圈有一中心接头，将初级线圈分为上、下部分，中心接头通电源电路，另外 2 个接头分别接点火器的功率三极管；次级线圈的两端分别有两高压输出端，共形成 4 个高压输出端，通过 4 根高压线与 4 个气缸的火花塞相连，每个高压电路中各串联一高压二极管。对于四缸发动机来说，点火顺序为 1—3—4—2，当 ECU 接收到曲轴位置传感器信号时，向点火控制器发出点火信号。点火控制器的控制回路使 VT_1 截止，初级线圈中的电流被切断，在次级线圈中感应出高压电，经 4 缸和 1 缸火花塞构成回路，两火花塞均跳火，此时 1 缸接近压缩终了，混合气被点燃，而 4 缸正在排气，火花塞虽跳火但不起作用。曲轴转过 180°后，ECU 接收到传感器信号后再次向点火控制器发出触发信号，VT_2 截止，初级线圈中的电流被切断，次级线圈感应出高压电，并经 2 缸和 3 缸火花塞构成回路，同时跳火，此时 3 缸点火做功，2 缸火花塞点空火。以此类推，发动机曲轴转两圈，各缸做功 1 次。

资源 3-11 双缸同时点火

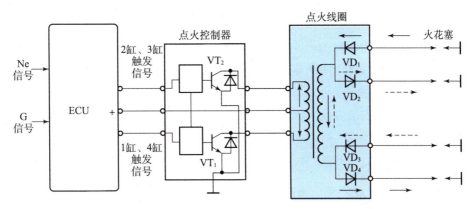

图 3-12 二极管分配式无分电器点火方式基本电路

应用案例 3-1

大众桑塔纳 2000GSi 轿车不易启动

【案例概况】

一辆行驶里程约 183 000 km 的上海大众桑塔纳 2000GSi 轿车,冷起动困难、怠速不稳、热车后加速不良,并且车速超过 130 km/h 后提速困难。车主还反映不久前该车刚做过保养,换过三滤及火花塞。

【案例解析】

根据诊断原则,维修技师首先用检测计算机进行自诊断检测。连接诊断插座,打开点火开关,显示故障为:00561-015 混合气自适应值超过调节界限下限 /sp;00561-021-混合气自适应值超过调节界限上限 /sp。清除故障码,起动发动机,怠速运转 2 min 左右,输入功能码 008 进入 007 显示组。检查氧传感器 G39 的反馈信号电压,其能够在 0.1~1.0 V 之间波动。氧传感器正常。接着对燃油压力进行检测。把燃油压力表连接到油管中。将点火开关反复开关,能够听到燃油启动声。油管内能够马上建立油压。压力表显示为 0.28 MPa。起动发动机后,油压保持常值(0.25 MPa),起动后加油门读数增大到 0.32 MPa,关闭点火开关 10 s 后。压力下降到 0.17 MPa,由此总判定电动燃油泵工作正常。然后将喷油嘴拆下检查,发现其有少量积炭结焦。随后对喷油器及其系统进行了彻底清洁,试车后故障有所减轻。随后由化油器清洗剂对其节流阀体、空气流量传感器进行了清洗。试车后故障仍没有排除。基于上面的检查排除了最有可能出现在燃油喷射系统的问题,故障出在点火系统上。检查火花塞、缸线正常。插下分缸线试火,当检查到 2 缸和 3 缸时发现火花有点弱,因为 2 缸和 3 缸共用一点火线圈,所以判断极有可能是该点火线圈的问题。更换新的点火线圈后,试车故障彻底消除。

由于点火线圈工作不良导致 2 缸和 3 缸跳火能量不足,致使气缸内混合气燃烧状况变差,从而导致车辆起动困难,动力不稳定及提速不良。

2. 单缸独立点火

单缸独立点火即为每缸的火花塞配备一点火线圈，单独直接地对每个气缸点火，其位置一般在火花塞的顶部，所产生的高压电直接送给火花塞，因而取消了高压线，能量损失小、效率高、电磁干扰少，避免了高压线方面的故障，点火系统的可靠性也得到提高，而且结构紧凑、安装方便。因此，在现代汽车发动机上的应用日益广泛。单缸独立点火系统如图 3-13 所示。

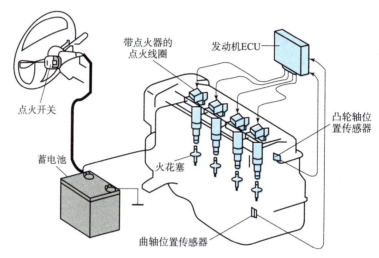

图 3-13 单缸独立点火系统

在点火控制器中，设置有与点火线圈相同数目的大功率三极管，分别控制每个线圈次级绕组电流的接通与切断，其工作原理与同时点火方式相同。单独点火式无分电器点火系统的控制方式如图 3-14 所示，ECU 根据传感器的信号，通过内部存储的程序计算出各缸最佳点火时刻，通过通往各缸的控制信号 $IGT_1 \sim IGT_4$ 去控制大功率三极管的通断，从而控制各缸火花塞的跳火。

图 3-15 为丰田卡罗拉 1ZR-FE 型发动机点火系统的控制电路。点火系统的供电由 EFI 主继电器承担，受点火开关控制，当点火开关置于"ON"挡时来自蓄电池的供电分别输送到各缸的点火线圈的初级线圈，该线圈通过点火器中的大功率三极管控制搭铁，当三极管导通时线圈充磁，即将电能转变为磁场能储存起来；当三极管截止时，在次级线圈中产生高压电，从而让火花塞跳火。

单缸独立点火系统的点火线圈有多种形式，但点火线圈都只有一高压接口，并各自独立地安装在火花塞上方。在某些车型上，点火线圈还与点火控制器制成一体，形成点火控制器-点火线圈组件，如图 3-16 所示。

资源 3-12　无分电器电控点火系统的工作原理

资源 3-13　火花塞

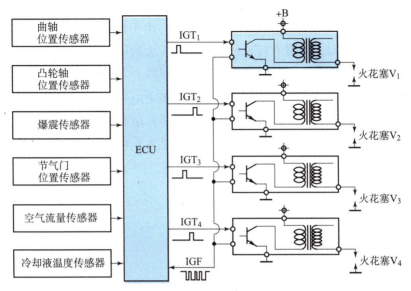

图 3-14 单独点火式无分电器点火系统的控制方式

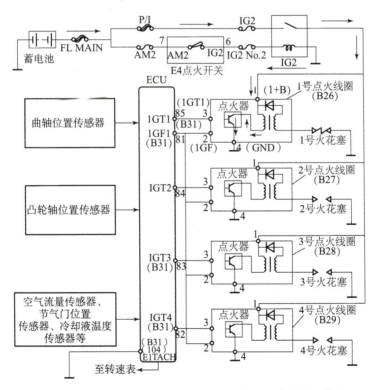

图 3-15 丰田卡罗拉 1ZR-FE 型发动机点火系统的控制电路

单缸独立点火的特点为：每个气缸都配有一点火线圈，即点火线圈的数量与气缸数相等，且直接安装在火花塞上方（一般是将点火线圈压装在火花塞上，体积小巧）；由于每缸都有独立的点火线圈，线圈有较长的通电时间（大的闭合角），可以提供足够高的点火能量；省去了高压线，点火能量损耗进一步减少；在相同的转速和点火能量下，单位时间内点火线圈的电流要小得多，线圈不易发热；所有高压部件都可安装在气缸盖上的金属屏蔽罩内，点火系统对无线电的干扰可大幅度降低。

特别提示： 单缸独立点火系统是当今新车型上运用最多、性能最好的点火系统。

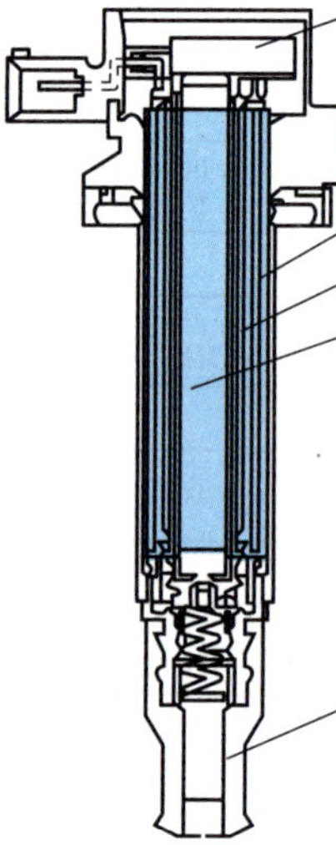

应用案例 3-2

丰田凯美瑞轿车热车时抖动

图 3-16 单缸独立点火系统的点火线圈组件

【案例概况】

一辆行驶里程约 137 000 km 的 2007 年产广州丰田凯美瑞 ACV40L 型轿车。用户反映：该车发动机能起动，起动后怠速也正常，但在高速运行较长时间后，会偶尔出现抖动现象。当此故障出现时，就会有动力不足，转速上不来的感觉。发动机停机冷却后能再起动，起动后开始时一切正常，但在高速行驶一段时间后，故障就会再现。

资源 3-14 单缸独立点火系统

【案例解析】

故障原因分析：该车故障是在热机、高速行驶时出现的，可能是发动机大负荷时混合气不足、过稀或存在失火现象。故障可能的部位有：进气管有堵塞或漏气；进气流量传感器信号不准确；喷油器喷油压力偏低或有堵塞；点火控制信号或反馈信号不良；点火控制器或点火线圈损坏；发动机 ECU 有故障等。

故障检修方法：首先读取故障码，发现 ECU 内无故障码，因而只有根据可能的故障原因，本着"先简后繁""先熟后生"等基本原则对可能的故障部位逐个进行检查。

首先检查进气系统：检查进气管以及各连接处正常；起动发动机后怠速运转平稳，没有故障症状；检测热线式空气流量传感器和节气门位置传感器信号，有信号输出，并且随节气门开度的增大，信号电压也随之变化，说明信号电压正常。

接着检查供油系统：广州丰田凯美瑞为无回油路燃油供给系统，只有一根从燃油箱出来的供油管，泄压后接上压力表，测得油压在发动机转速与负荷变化时，始终保持在 285 kPa，为正常；拔下喷油器插头，测量其电源电压为 14 V，也正常；接上试灯，逐个检查，都正常闪烁，说明喷油控制信号正常。

检查点火系统：拔出各缸一体式点火控制器和点火线圈，插入火花塞并靠近缸体，能正常跳火，且火花较强。于是，怀疑是喷油器有堵塞，考虑到当时发动机还未出现故障，就将车开出厂外行驶了约 30 min，故障又再现了，且在怠速时也有抖动现象，排气管有黑烟冒出，发动机动力明显不足。

根据此时的故障现象，可以判断为是个别气缸没有点火，于是又将各缸一体式点火控制器与点火线圈及火花塞逐个拔出试火，这时发现 1 缸火花塞有串黑现象，火花也较弱，且断断续续，证明 1 缸点火电路有故障而导致了 1 缸工作不良。

锁定了故障的范围，就开始检查 1 缸的点火电路及部件。检查 1 缸的 1 体式点火控制器和点火线圈插接器，连接良好；将 2 缸的火花塞换到 1 缸位置，火花仍然较弱；检查点火控制器与发动机 ECU 之间的线路和信号电压波形，均正常；将 2 缸的一体式点火控制器和点火线圈换到 1 缸位置，火花塞跳火正常，说明 1 缸的一体式点火控制器和点火线圈有故障，且点火线圈故障的可能性大。

故障处理措施：更换了点火线圈，试车发动机运转正常，长时间高速运行也不再出现发动机抖动现象，故障排除。

故障分析总结：本故障由点火线圈性能不良引起，当点火线圈的温度升高后，其绝缘性能下降，引起匝间短路，导致次级电压下降、火花减弱或断续断火。当发动机温度下降后，点火线圈的温度也降低，其性能有所恢复，故而低温时发动机能正常工作。

3.1.6　电控点火系统控制

1. 点火提前角的控制

发动机工况不同，需要的最佳点火提前角也不相同，怠速时的最佳点火提前角是为了使怠速运转平稳、降低有害气体排放量和减少燃油消耗量；部分负荷时的最佳点火提前角是为了减少燃油消耗量和有害气体排放量，提高经济性和排放性能；大负荷时的最佳点火提前角是为了增大输出转矩、提高动力性能。ECU 将各种工况下的最佳点火时刻储存在 ROM 中，即点火提前角脉谱图。图 3-17 为基本点火提前角（以 D 型电控燃油喷射系统为例）脉谱图。

点火提前角的控制方法为：ECU 根据汽油机的各种工况信号对点火时刻进行控制。首先根据发动机的转速和进气量从存储器存的数据中找到相应的基本点火提前角，然后根据有关传感器信号值加以修正，得出实际的点火提前角。实际点火提前角由 3 部分组成：初始点火提前角、基本点火提前角和修正点火提前角。

初始点火提前角由发动机的结构及曲轴位置传感器的安装位置决定，通常是固定值；基本点火提前角是由 ECU 根据发动机转速和负荷所确定的点火提前角，是发动机运转过程中最主要的点火提前角。修正点火提前角是 ECU 根据对点火提前角有影响的因素进行的修正。

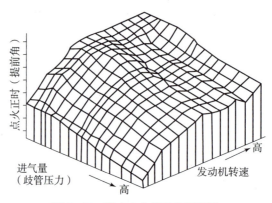

图 3-17 基本点火提前角脉谱图

1)起动时点火提前角的控制

在发动机起动过程中,进气管绝对压力传感器信号或空气流量传感器信号不稳定,ECU 无法正确计算点火提前角,一般将点火时刻固定在设定的初始点火提前角,一般设定值为上止点前不超过 10° 左右(因发动机型号而异)。此时的控制信号主要是发动机转速信号(Ne 信号)和起动开关信号(STA 信号)。

2)起动后点火提前角的控制

当发动机起动后怠速运转时,ECU 根据节气门位置传感器信号(IDL 信号)、发动机转速传感器信号(Ne 信号)和空调开关信号(A/C 信号)确定基本点火提前角。当发动机起动后在除怠速以外的工况下运转时,ECU 根据发动机的转速和负荷(单位转数的进气量或基本喷油量)确定基本点火提前角。

(1)怠速工况时的基本点火提前角的确定。ECU 根据节气门位置传感器信号(IDL 信号)、发动机转速传感器信号(Ne 信号)和空调开关信号(A/C 信号)来确定,如图 3-18 所示。

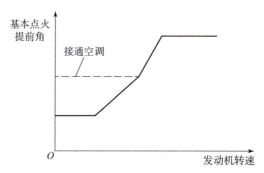

图 3-18 怠速工况时基本点火提前角的确定

(2)其他工况下的基本点火提前角的确定。ECU 根据发动机的转速和负荷,对照存储器中存储的基本点火提前角控制模型来确定,如图 3-19 所示。

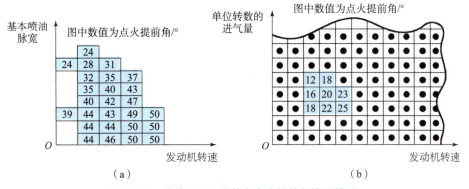

图 3-19 其他工况下的基本点火提前角控制模型
（a）按喷油量和转速确定；（b）按进气量和转速确定

3）点火提前角的修正

（1）冷却液温度修正。为了改善发动机的驾驶性能，发动机冷车刚起动后，冷却液温度还比较低，混合气燃烧的速度也比较慢，发生爆震的可能性比较小，此时应适当地增大点火提前角。暖机过程中，随着冷却液温度的升高，点火提前角应逐渐减小，如图 3-20（a）所示。发动机处于怠速工况（如节气门位置传感器怠速触点闭合），当冷却液温度过高时，为避免发动机长时间过热，应将点火提前角增大，以此来提高发动机的怠速转速，从而提高水泵和冷却风扇的转速，增强制冷效果，降低发动机的温度。过热修正曲线如图 3-20（b）所示。发动机处于部分负荷运行（如节气门位置传感器的怠速触点断开），当冷却液温度过高时，为了避免爆震，可将点火提前角推迟，如图 3-20（c）所示。

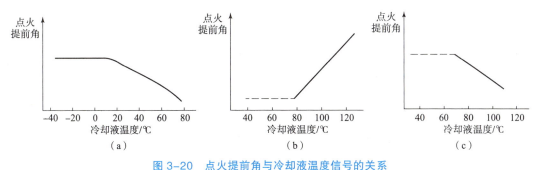

图 3-20 点火提前角与冷却液温度信号的关系
（a）冷车起动情况；（b）长时间怠速；（c）发动机部分负荷运行

（2）怠速稳定性的修正。发动机在怠速运行期间，由于发动机负荷变化使发动机转速改变，ECU 要调整点火提前角，使发动机在规定的怠速转速下稳定运转。怠速运转时，ECU 不断地计算发动机的平均转速。当发动机的转速低于规定的怠速转速时，ECU 根据与怠速目标转速差值的大小相应地增大点火提前角，反之，则推迟点火提前角，如图 3-21 所示。怠速稳定修正信号主要有：发动机转速信号（Ne）、节气门位置信号（IDL）、车速信号（SPD）、空调开关信号（A/C）等。

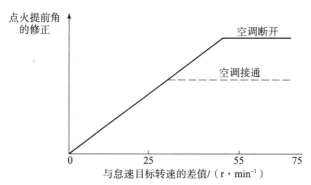

图 3-21 怠速稳定性修正曲线

（3）喷油量修正。装有氧传感器和闭环控制程序的电动燃油控制系统中，发动机 ECU 根据氧传感器的反馈信号对空燃比进行修正。随着喷油量的修正，发动机的转速会在一定范围内波动。在喷油量减少时，混合气变稀，发动机转速相应降低，为了提高怠速的稳定性，点火提前角应适当地增加；反之，点火提前角应适当地减小，如图 3-22 所示。

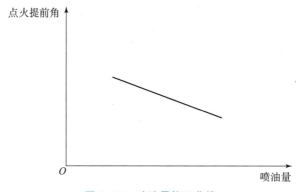

图 3-22 喷油量修正曲线

（4）暖机修正。发动机冷车起动后，当发动机冷却液温度较低时，应增大点火提前角，暖机过程中，随冷却液温度升高，点火提前角的变化如图 3-23 所示。修正曲线的形状与提前角的大小随车型不同而异。暖机过程中，控制信号主要有：冷却液温度信号（THW）、进气歧管压力（或进气量）信号、节气门位置信号等。

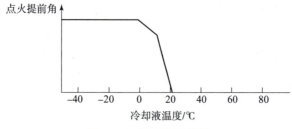

图 3-23 暖机修正曲线

（5）过热修正。发动机处于正常运行工况（怠速触点断开），当冷却液温度过高时，为了避免产生爆震，应将点火提前角推迟。发动机处于正常运行工况（怠速触点闭合），当冷却液温度过高时，为了避免长时间过热，应将点火提前角增大。过热修正曲线的变化趋势如图 3-24 所示。过热修正控制信号主要有：冷却液温度信号（THW）、节气门位置信号（IDL）。

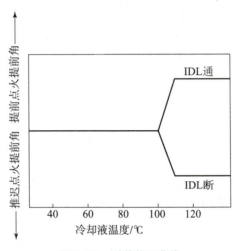

图 3-24　过热修正曲线

2. 通电时间控制

（1）通电时间控制的必要性。当点火线圈的初级电路被接通后，其初级电流按指数规律增长，通电时间的长短决定初级电流的大小。当初级电流达到饱和时，若初级电路被断开，此瞬间初级电流达到最大值（即断开电流），会感应次级电压达到最大值。次级电压越高，越会使低压火花塞点火能力增强，所以在发动机工作时，必须保证点火线圈的初级电路有足够的通电时间。但如果通电时间过长，点火线圈又会发热并增大电能消耗。所以，通电时间过长或过短，都会给点火系带来不利，要兼顾上述两方面的要求，就必须对点火线圈初级电路的通电时间进行控制。

（2）通电时间的控制。在现代电控点火系统中，通过凸轮轴/曲轴位置传感器把发动机工作信号输入给 ECU，ECU 根据存储在内部的闭合角（通电时间）控制模型（见图 3-25）控制点火线圈初级电路的通电时间。发动机工作时，ECU 根据发动机转速信号（Ne 信号）和电源电压信号确定最佳的闭合角（通电时间），并向点火控制器输出指令信号（IGT 信号），以控制点火控制器中晶体管的导通时间，并随发动机转速提高和电源电压下降，闭合角（通电时间）增长。

ECU 根据发动机转速和蓄电池电压调节闭合角，以保证足够的点火能量。在发动机转速上升和蓄电池电压下降时，闭合角控制电路使闭合角加大，即延长一次侧电路的通电时间，防止一次侧电路储能下降，确保点火能量。在发动机转速下降和蓄电池电压

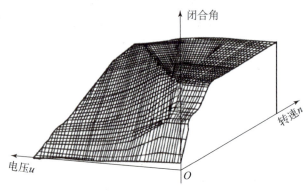

图 3-25 闭合角（通电时间）控制模型

较高时，闭合角控制电路使闭合角减小，即缩减一次侧电路的通电时间，确保一次侧线圈的安全。

3. 爆震控制

理论与实践证明：剧烈的爆震会使发动机的动力性和经济性严重恶化，气缸内有明显的金属敲击声，引起发动机的功率下降、冲击载荷增大、摩擦加剧、热负荷增大、使用寿命缩短、排气冒烟、经济性变差。

当发动机工作在爆震的临界点时，发动机热效率最高，动力性和经济性最好。ECU就是据此来进行防爆震控制的。而消除爆震最有效的方法就是推迟点火提前角，利用点火提前角闭环控制系统能够有效地控制点火提前角，从而使发动机工作在爆震的临界状态。这样既能防止爆震发生，又能有效地提高发动机的动力性和经济性。

目前，国内外大多数汽车微机控制点火系统都采用了非共振型压电式爆震传感器。非共振型压电式爆震传感器的外形和结构如图 3-26 所示，主要由套筒底座、压电元件、惯性配重、塑料壳体和接线插座等组成。

资源 3-15　点火提前角的控制

爆震传感器的输出信号与发动机转速的对应关系如图 3-27 所示，传感器的灵敏度约为 20 mV/g（$g=9.8$ m/s^2）。

爆震控制实际是点火提前角控制中的追加修正控制，控制过程如图 3-28 所示。当发动机出现 1%~5% 的轻微爆震时，其动力性、经济性接近最佳值。闭环控制方式即按轻微爆震来确定最佳点火提前角。闭环控制时，ECU 测出的爆震率对点火提前角进行调节。一定时间内无爆震时，就逐步增大点火提前角，直至发生轻微爆震，爆震率大于 5% 时，又将点火提前角减小，直至爆震消除。闭环控制过程方框图如图 3-29 所示。

资源 3-16　爆震传感器

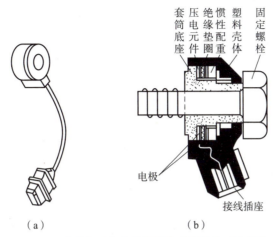

图 3-26 非共振型压电式爆震传感器的外形和结构
（a）外形；（b）内部结构

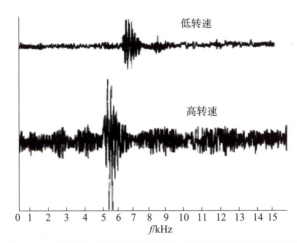

图 3-27 爆震传感器的输出信号与发动机转速的对应关系

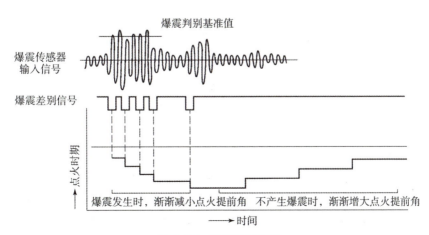

图 3-28 爆震控制过程

图 3-29 爆震闭环控制过程方框图

特别提示：若通电时间过短，则电能不足；若通电时间过长，则会造成电能消耗浪费。

汽车点火系统的电磁干扰

随着越来越多的高科技汽车电子产品的开发与应用，随之而来的一个不容忽视的问题就是：电磁兼容性。电磁兼容性是指电气装置或电气系统不产生干扰或不受环境干扰，工作在指定环境中的能力。汽车电子电器设备所产生的电磁波将给周围的环境带来电磁污染，同时也会给汽车上的高科技电子产品的正常工作带来不利影响。

汽车上各种电子电器设备产生的电磁干扰是由于汽车上使用的电子产品中有许多导线、线圈和带有触点的电器，都具有不同的电容和电感，而任何一个具有电感和电容的闭合回路都会形成振荡回路。汽车产生的干扰不但会影响外界的电子电器设备的正常工作，而且会影响自身电子电器设备的正常工作，因此，电子环境干扰会对电子产品的性能产生不利的影响，甚至会导致其功能丧失。汽车的无线电干扰源主要是发动机的点火系统，其干扰波来自点火系统次级电压的高频振荡。当电器设备工作产生火花时，就会产生高频振荡并以电磁波的形式发射到空中，对汽车上及周围数百米范围内的电子装置如车载电脑、收音机、电视机和其他无线电装置的正常工作，产生不同程度的干扰。

由于现代汽车上安装的 ECU 数量越来越多，无论是汽车内部的电磁干扰还是外部的电磁干扰，对车用电子设备尤其是 ECU 影响都很大，这些电磁干扰会严重影响汽车电子设备的工作性能。众所周知，半导体元件对脉动电压非常敏感，当瞬变电压值超过其电压值时，半导体元件会被击穿而损坏，而脉冲信号一旦被 ECU 误认为是输入信号时便会使电子设备做出错误的判断，以致产生故障。因此，为了防止异常现象发生且允许汽车电子设备在这种环境下正常工作，要求在现代汽车上必须采用一些防干扰措施，以保证车用电子设备的正常工作。

汽车防止电磁干扰的主要措施如下。

（1）电路设计模块化。在电路板的设计中，根据电路在汽车上发挥的功能及位置的不同，将执行器电路、传感器电路、系统控制电路分开设计，形成不同的电路模块，使不同模块的电源、搭铁（金属车体）线分开，减少不应有的耦合，提高绝缘阻抗。为避免干扰，应先将电流（汽车在行驶过程中主要由发电机供电）传输到各个模块，而后分别进行整流、滤波、稳压、供电。模块中的数字搭铁与模拟搭铁分开，工作搭铁与安全搭铁一点连接。

（2）阻尼电阻。在点火装置的高压电路中，串入阻尼电阻，削弱火花产生的干扰电磁波。阻尼电阻值越大，抑制效果越好。但阻尼电阻太大，又会减少火花塞电极间的火花能量。阻尼电阻一般用碳质材料制成，阻值在几千到十几千欧。阻尼电阻加在点火线圈端和火花塞接头端。

（3）金属屏蔽。屏蔽是抑制电磁波干扰的有效方法。当屏蔽电场或磁场时，常用铝、钢等导电率高的材料做屏蔽体，如对点火线圈及ECU的屏蔽等。为了有效发挥屏蔽体的屏蔽作用，还应注意屏蔽体的有效搭铁。汽车电器中的导线也用密织的金属网或金属导管套起来，并将其搭铁。这样就使这些电器因工作火花而发射的电磁波，在金属屏蔽内感应寄生电流，产生焦耳热而耗散掉，从而起到防干扰的作用。这种措施有较好的防干扰效果，但装置复杂、成本高，并且会增大高压电路的分布电容，影响点火性能。因此，一般只用在特殊需要的汽车上。

3.2 项目实施

3.2.1 丰田 3SZ-FE 发动机直接点火系统的常规检测

1. 项目实施目标

能正确认识典型车系的电控点火系统的主要元器件、总成的布局及安装位置；能对点火系的主要部件进行检测及故障诊断；同时进一步熟悉各元器件的功用和基本工作原理。

2. 项目实施准备

装配有3SZ-FE发动机的丰田佳美轿车（或其他车型）1辆，或电控发动机台架1部；举升机1台；丰田专用工具1套；通用工具1~2套；发动机舱防护罩1套；"三件套"（座椅套、转向盘套、脚垫）1套；学生必须着工装、穿工鞋。

3. 项目实施步骤

1）在车上或台架上认识3SZ-FE发动机直接点火系统

以丰田3SZ-FE发动机直接点火系统为例。其主要部件有点火线圈、火花塞、凸轮轴位置传感器、曲轴位置传感器、ECU等，其中火花塞直接安装在点火线圈上。

3SZ-FE发动机点火系统的结构如图3-30所示。

2）检查点火线圈及火花测试

（1）拔下点火线圈上的电插头，拆下4个点火线圈总成。

特别提示：拔下点火线圈电插头之前一定要将点火开关置于"OFF"挡。

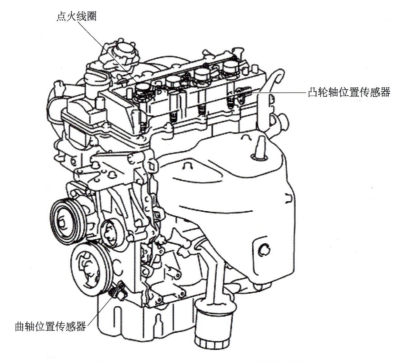

图 3-30　3SZ-FE 发动机点火系统的结构

（2）用 16 mm 规格的火花塞套筒扳手逐次拆下 4 个火花塞。

（3）将火花塞安装到对应的点火线圈上，要注意安装到位。

（4）再依次将点火线圈的低压电插头插上，将火花塞负极搭铁。

特别提示：检查时，确保火花塞外壳搭铁。

（5）将各缸喷油器的电插头拔下，使之不能喷油。

（6）起动发动机，观察各缸火花塞，看是否跳火，正常情况下应该有火花跳过，否则有故障。

特别提示：发动机运转时间不要超过 2 s。

3）检测火花塞

（1）检测火花塞的绝缘电阻。

用兆欧表测量火花塞的绝缘性。其方法是把两只表笔分别与火花塞的中心电极及搭铁处连接（见图 3-31），其电阻应为 10 MΩ 或更大，否则有漏电或积碳过多的现象。

对于使用时间不长的火花塞可以用专门的火花塞清洁器清洁之后再次测量电阻，不符合规定的不能继续使用。

（2）检查火花塞的电极和工作情况。

将发动机迅速加速到 4 000 r/min，重复操作 5 次；拆下火花塞，目视检查火花塞的电极，如图 3-32 所示。观察火花塞电极，正常情况下电极应是干燥的。如果电极潮湿，表明有缺火现象，需进行下一步检查。

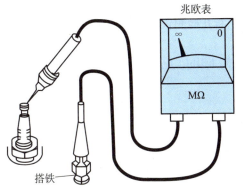
图 3-31 测量火花塞的绝缘电阻

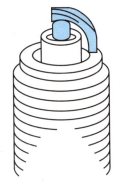
图 3-32 检查火花塞的电极

（3）测量火花塞电极间隙（见图 3-33）。

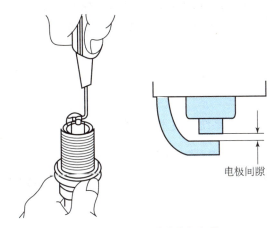
图 3-33 测量火花塞电极间隙

旧火花塞的最大电极间隙为 1.1 mm，如果间隙大于最大值，则需要更换火花塞。新火花塞的电极间隙为 0.8 ~ 0.9 mm。

（4）清洁火花塞。

如果电极湿润或有积炭，则用火花塞清洁器清洁电极并使其干燥。

清洁火花塞使用的压缩气的气压不超过 588 kPa，持续时间应为 20 s 或更短。

特别提示： 如果电极间有油污，可先用汽油去除油污后，再使用火花塞清洁器清洁。

4）检查点火正时

检查点火正时有使用检测仪和不使用检测仪两种方法，这里介绍使用检测仪的方法。

（1）起动发动机预热并停止发动机。

（2）将检测仪连接到诊断接口 DLC3，将点火开关转至"ON"挡。

（3）怠速时检查点火正时。此时应关闭所有电气系统，变速器换挡杆应位于空挡。

点火正时应为 4°~8° BTDC（上止点前）。

（4）将点火开关转至"OFF"挡，从 DLC3 断开检测仪。

3.2.2 大众 AJR 发动机无分电器双缸同时点火系统的检测

1．项目实施目标

（1）能够进行跳火试验。

（2）能够根据跳火试验的结果进行故障分析。

（3）能够对点火系统的各元件及线路进行检查与故障排除。

2．项目实施准备

桑塔纳 2000GSi 轿车，或采用无分电器双缸同时点火系统的大众 AJR 发动机的试验台 1 台；万用表 1 只；通用工具 1 套；实验用导线若干根；12V 蓄电池一只；发动机舱防护罩 1 套；"三件套"（座椅套、转向盘套、脚垫）一套；学生必须着工装、穿工鞋。

3．项目实施步骤

1）点火系统技术数据

桑塔纳 2000GSi 轿车点火系统的技术数据如表 3-1 所示。

表 3-1 桑塔纳 2000GSi 点火系统的技术数据

技术名称	技术数据
发动机代号	AJR
点火系统型式	无分电器双缸同时点火系统
火花塞扭紧力矩	30 N·m
火花塞电极间隙	0.9~1.1 mm
火花塞插头	电阻约 5 kΩ
点火次序	1-3-4-2
由 ECU 切断的最高极限转速	6 400 r/min
点火提前角	不能调整，由发动机 ECU 决定

2）点火线圈的检测

（1）AJR 型发动机点火系统采用无分电器双缸同时点火系统。点火线圈发生故障，发动机立即熄火或不能启动。ECU 不能检测到该故障信息。如果一火花塞由于开路使这个点火回路断开，那么和它共用一点火线圈的火花塞也因此电气线路故障而不能跳火；如果一火花塞由于短路而不能跳火，但电气回路没有断开，那么和它共用一点火线圈的火花塞仍然可以跳火。图3-34为AJR型发动机点火系电路接线图。

（2）拔下点火线圈四针插头，用发光二极管测试灯连接蓄电池正极和插头端子4（见图3-35），发光二极管测试灯应亮。如果测试灯不亮，则应检查端子4和接地点的线路是否有断路。

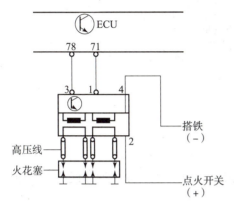

图3-34　AJR型发动机点火系电路接线图

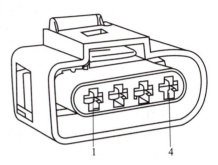

图3-35　点火线圈的四针插头

特别提示：拔下点火线圈的插头之前，一定要将点火开关置于"OFF"挡。

（3）测试点火线圈的供电电压。拔下点火线圈的四针插头，把发光二极管测试灯连接在发动机接地点和插头端子2之间，打开点火开关，发光二极管测试灯应亮。如果测试灯不亮，则应检查中央电器D插头端子23与四针插头端子2之间的线路是否断路。将点火线圈总成的4个端子的插头拔下，用万用表检测线束端插头端子2（电源端）和端子4（接地端）之间的电压。打开点火开关，其电压值应为蓄电池电压，大于或等于11.5 V。

（4）测试点火线圈的工作情况。拔下4个喷油器的插头和点火线圈的四针插头，打开点火开关，用发光二极管测试灯连接发动机接地点和插头端子1，接通起动机数秒，测试灯应闪亮，然后用测试灯连接发动机接地点和端子3，接通起动电动机数秒，测试灯应闪亮。如果测试灯不闪，则应检查点火线圈插头端子和发动机ECU线束插头间的导线是否开路或短路，如果线路正常，则应更换发动机ECU。

（5）检查点火线圈的电阻。拔下点火线圈的插头，并从点火线圈上拔下点火线。用万用表检测点火线圈的次级电阻，1缸和4缸线圈间的次级电阻和2缸和3缸线圈间的次级电阻的规定值均为4~6 kΩ，如图3-36所示。如电阻值不符合规定，应更换点火线圈总成。

（6）点火线圈和点火控制器是结合成一体的零部件，不能单独更换。当检测点火线圈的次级电阻时，可先将点火线插到点火线圈上，通过相应气缸的火花塞插头来检测，同时也检测了点火线的抗干扰电阻。

（7）线束检测。点火线圈电路图如图3-37所示，用万用表检查点火线圈插头端子1与ECU插接器端子71、点火线圈插头端子3与ECU插接器端子78之间的电阻，标准值应在1.5 Ω以下。

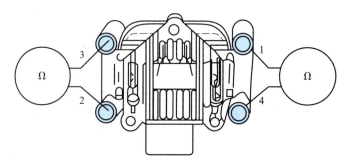

图3-36 点火线圈电阻检测

（8）检查点火线圈插头端子1与ECU接插器端子78、点火线圈插头端子3与ECU接插器端子71之间的导线是否存在短路。若电阻值为无穷大，则说明导线不存在故障；若电阻值为0，则说明导线存在短路。

3）爆震传感器的测试

桑塔纳2000GSi型发动机采用两爆震传感器，分别安装在气缸体进气管侧第1、2缸和第3、4缸之间。当爆震传感器发生故障时，发动机ECU能检测到故障信息，并能使发动机进入紧急状态下运行，此时各缸都相应推迟点火提前角约15°，发动机输入功率明显下降。爆震传感器的连接电路如图3-38所示。

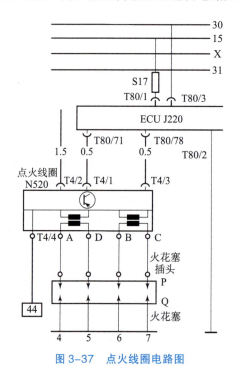

图3-37 点火线圈电路图　　　　图3-38 爆震传感器的连接电路

为了试验爆震传感器的工作情况，可用08功能"读测量数据块"，选择13、14、15、16显示组。如果在08功能中不能实现爆震传感器的测试，可查询故障码。按规定扭紧力矩（20 N·m）紧固。

特别提示： 拧紧爆震传感器时其拧紧力矩一定要按照规定的力矩进行，否则传感器工作信号不准。

爆震传感器的3个端子之间（见图3-39）不应有短路现象，否则，应更换爆震传感器。传感器插头和发动机ECU线束插头间的线路若有断路或短路，则要排除故障。

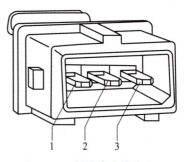

图3-39　爆震传感器的端子

4）霍尔式传感器的测试

霍尔式传感器发送第1缸点火位置，如果霍尔式传感器发生故障，则爆震控制就会关闭，使点火提前角稍微推迟，避免产生爆震。如果没有霍尔式传感器信号，发动机仍将继续运行，并且能再次起动，这是因为在双缸同时点火系统中发动机每1转各缸产生1次火花，而不是像通常情况那样每2转各缸产生1次火花。另外，由于没有霍尔式传感器信号，只是产生1转的偏差，因此对喷射来说影响不大。

不拔下霍尔式传感器插头，用测试灯从背面连接插头端子1和端子2（见图3-40），接通起动电动机几秒钟，发动机每转2转测试灯必须闪一下。如果测试灯不闪，拔下霍尔式传感器插头，打开点火开关，测量插头端子1和端子3之间的电压（量程为20 V电压挡），标准值应约为5 V；测量插头端子2和端子3之间的电压，标准应接近蓄电池电压。如果测量值符合标准，更换霍尔式传感器；如果测量值不符合标准，应按图3-41所示检查霍尔式传感器与ECU的连接电路是否有开路或短路。

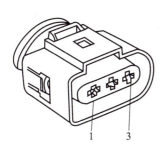

图3-40　霍尔式传感器的插头端子

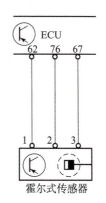

图3-41　霍尔式传感器与ECU的连接

3.3 知识能力拓展——点火波形的识读与分析

1．点火初级波形的分析

由于点火初级和次级线圈的互感作用，次级电路的电压变化会通过互感反馈到初级电路，所以点火初级波形测试是汽车点火系统性能检查的有效手段之一。

图3-42所示为单缸初级电压波形。当断电器触点张开时，初级电压迅速提高，从而导致次级电压急剧上升击穿火花塞间隙。当火花塞两极火花放电时，出现高频振荡波。火花放电完毕后，由于点火线圈和电容器中残余能量的释放，又会出现低频振荡波，其波幅迅速衰减直至初级电压，趋向于蓄电池电压。当断电器触点闭合后，初级电压几乎为0，成一直线一直延续到触点的下一次张开。当下一缸点火时，点火循环又将复现。具体每一段含义如下。

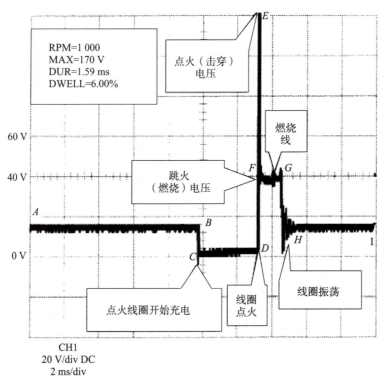

RPM—转速（r/min）；MAX—最大电压；DUR—闭合时间；DWELL—闭合角。

图3-42　单缸初级波形

（1）三极管截止，电路开路（A-B），此时电路没有导通，初级线圈没有流过电流，只有开路电压。

（2）三极管导通，点火线圈充电（B–C），驱动电路闭合，电压会突然下降，初级线圈对地构成回路，电压降到接近于零电位。

（3）保持电压（C–D），此电压接近于0 V，仅为三极管的导通电压。

（4）三极管截止（D–E），在初级线圈中感应出100～300 V的自感电动势，因互感而导致次级电压急剧上升击穿火花塞间隙。

（5）燃烧火花线（F–G），此阶段为保持跳火阶段，能量的高低和火花的强弱对点火和燃烧有较大的影响。

（6）线圈振荡（G–H），为线圈电压降低及振荡阶段。

（7）下一循环（H–I），进行下一循环，与电路开路（A–B）一致。

尤其注意观察各缸点火电压的高度是否与标注值一致或比较各缸的点火电压是否相对一致。

任何一缸与其他各缸点火电压的偏差都意味着可能有故障存在。如果一缸的点火电压明显比其他缸（或标注值）高出很多，则说明这个气缸的点火次级线路中电阻过高，可能故障为开路、火花塞或高压线损坏、火花塞间隙过大。

如果一缸的点火电压比其他缸（或标注值）低较多，则表明点火高压线短路或火花塞间隙过小、火花塞破裂或污浊、火花塞漏电等。

2．点火次级波形的分析

通过测试点火次级波形，可以有效地检查发动机点火系统的性能。

该波形主要是用来检查引起短路或开路的高压线以及由于积碳而引起的点火不良的火花塞。

由于点火次级波形受到点火系统、燃油系统等的影响，所以它能够在一定程度上反映出发动机点火系统、燃油系统及机械部件的故障。图3-43为实测的典型单缸次级波形，图3-44为标准点火次级波形。

有关标准点火次级电压波形中各点线的具体含义说明如下。

（1）a点：三极管突然截止，点火线圈初级绕组突然断电，导致次级电压急剧上升。

（2）a–b线：称为点火线，其幅值为火花塞击穿电压即点火电压。击穿电压约为8～16 kV，不同的车型或点火系统，其击穿电压可能不一样。

（3）b–c线：在火花塞间隙被击穿时，两电极之间会出现火花放电，同时次级电压骤然下降，b–c的高度为电压下降的幅值。

（4）c–d线：称为火花线，它是火花塞电极间混合气被击穿之后，形成的火花放电过程，是一段波幅很小的高频振荡波，c–d的高度是火花放电的电压；c–d的宽度是火花放电的持续时间。

（5）d–e线：低频振荡波。当次级电路的能量不足以维持火花放电时，火花消失，电压急降，点火线圈和电容器中的残余能量在线路中维持低频振荡，形成次级电压衰减的振荡波，直至能量耗尽，最后以 e-f 直线波形至三极管导通。

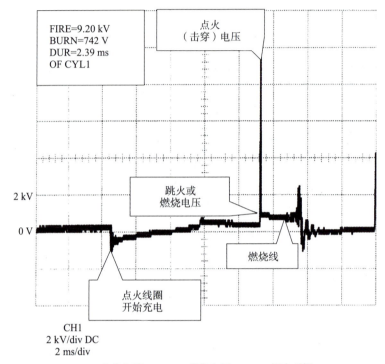

FIRE—击穿电压；BURN—燃烧电压；DUR—闭合时间。

图 3-43　典型单缸次级波形

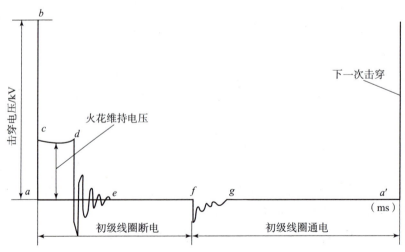

图 3-44　标准点火次级波形

（6）f 点：三极管导通，点火线圈初级电路有电流通过，初级电流开始增加，引起次级电压突然增大。但由于在 f 点初级电流的变化趋势与 a 点正好相反，故在 f 点会产生负电压。

（7）$f-a'$ 线：三极管导通的次级电压波形。当点火系统的三极管导通时，点火线圈初级绕组开始通电。

综合应用案例

【案例概况】

一辆行驶里程约 150 000 km 的 2008 年大众桑塔纳 3000 1.8L 轿车。车主反映：该车在行驶中突然熄火，再也无法启动。询问车主得知，故障是在行驶速度很慢的情况下突然出现的，车辆在其他方面没有异常的表现。

【案例解析】

首先检查油路部分：打开点火开关，能清晰地听到电动燃油泵预工作的声音，这说明油路的控制线路以及燃油泵继电器无故障。将燃油压力表连到油路中，起动发动机使发动机运转，测得的燃油压力为 250 kPa，并且燃油压力保持良好。此数据表明，从燃油泵到喷油器处的油路系统没有故障。根据以上对油路的检查推断，如果未喷油，4 支喷油器不会同时出现不喷油的机械故障。因此，对 4 支喷油器的检查要从控制线路入手。拔下喷油器的插头，打开点火开关，用万用表分别测量每只喷油器插头端子 1 的对地电压，经测量均为 4.5 V 左右。而正常情况下，喷油器的供电电压应为 12 V。

根据测量的数据推断，喷油器的供电线路中存在虚接现象。经测量，喷油器的线束正常，因为该线路是从燃油泵继电器上引出的，于是将检查方向转向燃油泵继电器。通过查看电路图得知，燃油泵继电器有 30、85、86、87 号 4 个端子，其中 30 号端子是提供蓄电池电压的常电源端，87 号端子连接燃油泵、喷油器和点火线圈。当打开点火开关时，继电器触点闭合，30 号端子和 87 号端子接通，燃油泵、喷油器和点火线圈就应该得到 12 V 左右的蓄电池电压。此时，用万用表测得 30 号端子的供电电压为 12 V 左右，说明燃油泵继电器输入线路无故障，于是将检查重点放在输出线路上。

将继电器拔下，拆下继电器后面的塑料壳，检查触点，未发现烧蚀。将继电器装回原位，打开点火开关，测得喷油器插头上的 1 号端子的对地电压仍为 4.5 V 左右。由于燃油泵继电器同时控制燃油泵、点火线圈和 4 支喷油器，于是对燃油泵和点火线圈的供电电源进行测量，测得的数据为：燃油泵插头 1 号端子和 4 号端子间的电压为 12 V 左右，点火线圈插头 2 号端子和 4 号端子的间电压为 4.5 V 左右。根据所测数据来看，完全可以断定燃油泵继电器功能有效，故障应该在燃油泵继电器的输出线路上。

燃油泵继电器的输出线路分为 2 条：一条线路经熔丝 S1（10A）为燃油泵供电；另一条线路经熔丝 S2（10A）同时为点火线圈和喷油器供电，有可能是此条线路中存在虚接故障。

将熔丝 S2 拔下仔细检查，发现熔丝的一端子根部已经烧蚀了，但烧蚀部位藕断丝连，这种虚接现象正是导致故障出现的根源。

更换熔丝S2（10A），重新测量点火线圈和喷油器的供电电压，均为12 V左右，此时起动车辆，发动机正常起动运转，故障彻底排除。

故障总结：从此故障的诊断与排除过程中，进一步证实了掌握汽车电路图的识读方法和万用表的正确使用方法的重要性。若将这2个方法掌握好了，对快速、准确诊断排除故障是极其有利的。

本项目小结

（1）对点火系统的主要要求是：能产生足以击穿火花塞两电极间隙的电压；火花应具有足够的点火能量；点火时刻应与发动机的工作状况相适应。

（2）电控点火系统主要由传感器、ECU、点火控制器及点火线圈等几部分组成。

（3）电控点火系统按有、无分电器可分为有分电器电控点火系统和无分电器电控点火系统，而无分电器电控点火系统根据高压配电的方式的不同又可分为单缸独立点火和双缸同时点火。

（4）电控点火系统的基本工作原理为：点火开关闭合，电流流过初级线圈，点火控制器中的三极管导通构成搭铁回路，此时，初级线圈将电能转化成磁场能并储存在初级线圈中，当需要点火时，点火控制器按发动机ECU输出的点火正时信号（IGT）让三极管截止从而快速地切断流往初级线圈的电流，初级线圈的磁通量迅速减小并产生自感电动势，同时在次级线圈互感效应下产生约6～30 kV高压电动势，再通过火花塞产生火花放电。

（5）双缸同时点火是指点火线圈每产生1次高压电，都使两个气缸的火花塞同时跳火。一个气缸处于压缩上止点，是有效点火，另一个气缸处于排气上止点，缸内温度较高而压力很低，火花塞电极间隙的击穿电压很低，对有效点火气缸火花塞的击穿电压和火花放电能量影响很小，是无效点火。

（6）单缸独立点火即为每缸的火花塞配备一点火线圈，单独直接地对每个气缸点火，取消了高压线，能量损失小、效率高、电磁干扰少、避免了高压线方面的故障，点火系统的可靠性也得到提高，而且结构紧凑、安装方便。因此，单缸独立点火在现代汽车发动机上的应用日益广泛。

（7）ECU根据发动机的转速和进气量确定基本点火提前角，然后根据有关传感器信号值加以修正，得出实际点火提前角。实际点火提前角由3部分组成：初始点火提前角、基本点火提前角和修正点火提前角。

（8）当发动机工作在爆震临界点时，动力性和经济性最好。ECU消除爆震最有效的方法就是推迟点火提前角，利用点火提前角闭环控制系统能够有效地控制发动机工作在爆震的临界状态。

一、单选题

1. 发动机 ECU 输出的点火正时信号是（　　）。
   A. IGF　　　　B. IGT　　　　C. N 信号　　　　D. G 信号
2. 当 IGF 信号连续 3～5 次无反馈信号送入 ECU 时，则 ECU 判断点火系统有故障，会（　　）。
   A. 减少喷油量　　　　　　B. 推迟点火提前角
   C. 强行中止喷油　　　　　D. 提前点火
3. 双缸同时点火中四缸发动机（　　）的火花塞电极上同时跳火。
   A. 1、4 缸或 2、3 缸　　　B. 1、2 缸或 3、4 缸
   C. 2、4 缸或 1、3 缸　　　D. 4 缸
4. 当发动机工作在（　　）时，发动机热效率最高，动力性和经济性最好。
   A. 爆震　　　　　　　　　B. 点火提前角小
   C. 点火提前角大　　　　　D. 爆震的临界点
5. ECU 根据（　　）信号对点火提前角实行反馈控制。
   A. 冷却液温度传感器　　　B. 曲轴位置传感器
   C. 爆震传感器　　　　　　D. 车速传感器

二、多选题

1. 无分电器电控点火系统根据高压配电的方式不同又可分为（　　）。
   A. 二极管配电　　　　　　B. 单缸独立点火
   C. 四缸同时点火　　　　　D. 双缸同时点火
2. 有分电器微机控制点火系统的主要缺点是（　　）。
   A. 损失跳火能量　　　　　B. 无线电干扰源
   C. 可能会漏电　　　　　　D. 机械磨损
3. （　　）传感器向 ECU 提供发动机负荷信号，用于计算确定点火提前角。
   A. 凸轮轴位置　　　　　　B. 空气流量
   C. 节气门位置　　　　　　D. 氧

三、简答题

1. 电控点火系统由哪几部分组成？各部分有什么作用？
2. 简述电控点火系统的工作原理？
3. 什么是双缸同时点火？高压电的分配方式又分为哪两种？
4. 简述单缸独立点火系统的工作原理。
5. 单缸独立点火有何特点？

四、案例题

一辆行驶里程 93 000 km 的宝马 320i 型轿车。该车配备 N46 四缸发动机，因大水淹车而进行发动机大修，之后不久出现了发动机故障警告灯亮起的现象。到 4S 店诊断后，诊断仪显示爆震传感器有故障。如何判断爆震传感器是否有故障？

项目四 怠速控制系统检修

学习目标

（1）认识怠速控制系统及其基本结构。
（2）掌握怠速控制系统的工作原理。
（3）熟悉旁通空气式怠速控制系统的类型和特点。
（4）熟悉节气门直动式怠速控制系统的分类和工作特点。
（5）能够对怠速控制系统的一般故障进行诊断和维修。

学习要求

能力目标	知识要点	权重
知晓怠速及发动机怠速控制系统的基本要求	怠速的基本概念； 发动机怠速控制目标	5%
能叙述怠速控制系统的工作原理	发动机怠速控制系统的功能； 发动机怠速转速控制的结构； 怠速控制原理	15%
能区分各种类型的旁通空气式怠速控制系统	转阀式怠速控制阀的结构特点和工作特性； 线性电磁阀式与开关电磁阀式怠速控制阀； 步进电动机式怠速控制阀的结构和工作原理	30%
能迅速辨认节气门直动式怠速控制系统各零部件并描述其工作原理	节气门直动式怠速控制系统的结构； 节气门直动式怠速控制系统的原理	30%
能进行怠速控制系统的一般故障诊断	诊断仪器、工具的正确使用； 各类怠速控制系统的检查内容和步骤	20%

> **引 例**
>
> 一辆丰田皇冠 3.0 轿车，驾驶员反映该车在发动机怠速运转时，若使用空调或转向，则怠速过低、不稳，甚至熄火，关闭空调或汽车直行，则怠速运转正常。现需要实车检测，你能找到出故障原因和位置吗？

4.1 相关知识

4.1.1 怠速控制系统概述

怠速控制系统（Idle Air Control System，简称 IACS）是当今发动机电控系统中的一个重要组成部分，其性能好坏能在一定程度上反映出一部车的稳定性、动力性、经济性、排放性等技术指标。

1. 怠速控制系统功能

怠速控制系统的功能是发动机在怠速工况时，空气通过节气门缝隙或者旁通节气门的怠速调节通路进入发动机，由空气流量传感器（或进气歧管压力传感器）检测该进气量，并根据转速及其他修正信号控制喷油量，自动维持发动机怠速稳定运转，在保证发动机排放要求且运转平稳的前提下，尽量使发动机的怠速转速保持最低，以降低怠速时的燃油消耗量。

资源 4-1 怠速控制系统

2. 怠速控制系统的基本组成及工作原理

怠速控制系统主要由传感器、ECU 和执行器组成，如图 4-1 所示。

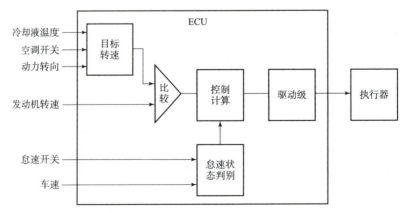

图 4-1 怠速控制系统的组成

怠速控制的实质就是控制空气供给量，即对怠速工况下的进气量进行控制，ECU 通过对各传感器的输入信号所决定的目标转速与发动机的实际转速进行比较，根据比较得出的差值，确定相当于目标转速的控制量，去驱动控制怠速进气量的执行机构，从而实现对怠速进气量的控制。

怠速通常是指加速踏板完全松开，且发动机对外无功率输出，并且保持最低转速稳定运转的工况。此时燃料燃烧所做的功仅仅用于发动机的内部摩擦和带动相关附属设备，故发动机只需要吸入极少量的空气，喷油器也只需要喷入极少量的燃油，相应的转速也维持较低。考虑到需要减少有害物质的排放，怠速转速也不能过低。

发动机怠速运转的规定范围通常是：四缸发动机怠速转速是 600～800 r/min，六缸发动机怠速转速是 600～700 r/min，八缸发动机怠速转速是 600～650 r/min。

当接通空调、动力转向、自动变速器等负载时，怠速转速需提升。

资源 4-2　怠速控制系统的基本组成和工作原理

3．怠速控制系统的分类

怠速控制系统按照控制方式的不同，可分为节气门直动式怠速控制系统和旁通空气式怠速控制系统，如图 4-2 所示。

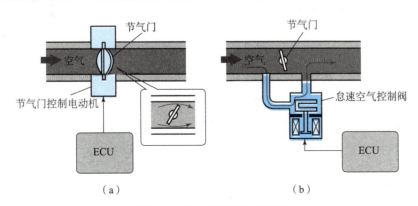

图 4-2　怠速控制系统的分类
（a）节气门直动式怠速控制系统；（b）旁通空气式怠速控制系统

（1）节气门直动式怠速控制系统。怠速时，油门踏板虽然完全松开，但节气门并不完全关闭，而是仍通过它提供怠速空气，节气门开度受 ECU 控制。

（2）旁通空气式怠速控制系统。采用这种方式的系统在怠速时节气门完全关闭，怠速空气走旁通空气道且受 ECU 控制。

4.1.2　旁通空气式怠速控制系统

旁通空气式怠速控制系统通过改变旁通空气道的流通面积来控制怠速进气量，以达到怠速控制的目的。旁通空气式怠速控制系统主要由怠速控制阀（ISCV）、发动机 ECU 以及各种传感器等组成，如图 4-3 所示。其中，怠速控制阀装于绕过节气门的旁通空气上，怠速时节气门完全关闭，所有空气经由该旁通空气道进入发动机，ECU 只需控制 ISCV 的开度就可控制旁通空气量，从而实现对怠速转速的控制。

在旁通空气式怠速控制系统中，依据怠速控制阀的不同，其类型主要有：步进电动机式怠速控制系统、旋转电磁阀式怠速控制系统、占空比控制电磁阀调节系统等几种。

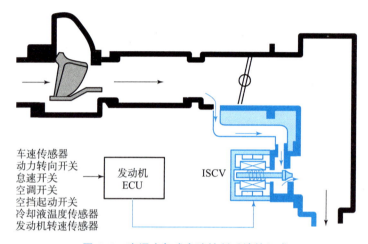

图 4-3 旁通空气式怠速控制系统的组成

1. 步进电动机式怠速控制系统

1) 结构及工作原理

步进电动机与怠速控制阀做成一体，装在进气总管内，统称为步进电动机式怠速控制阀。步进电动机式怠速控制阀由永久磁铁构成的转子、定子线圈和将旋转运动变成直线运动的进给丝杠及阀等部分组成，其实物和结构如图 4-4 所示。

步进电动机式怠速控制阀的转子由永久磁铁构成，分为 N 极和 S 极。定子由 2 个铁芯组成，每个铁芯上绕有 A、B 两组线圈，线圈由导磁材料制成的爪极包围。2 个铁芯共 4 组线圈（C1、C2、C3、C4）。每个定子各有 8 对爪极，每对爪极的 N 极和 S 极相差 1 个爪的差位，组成一体安装在外壳上。这样就形成了 16 对磁极（共 32 个磁极），定子和转子如图 4-5 所示。爪极的极性变换由微机控制装置输出的控制定子相线绕组的电压脉冲决定。

资源 4-3 旁通空气式怠速控制系统

步进电动机的转动方向可通过改变 4 个定子线圈的通电顺序来实现。转子 1 周分为 32 个步级（一般步进电动机为 2～125 个步级）进行，每个步级转动 1 个爪的角度，即 11.25°。

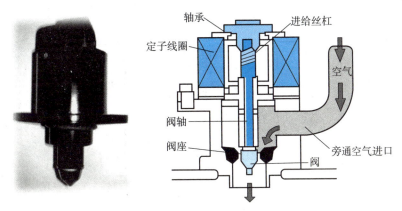

图 4-4 步进电动机式怠速控制阀的实物及结构

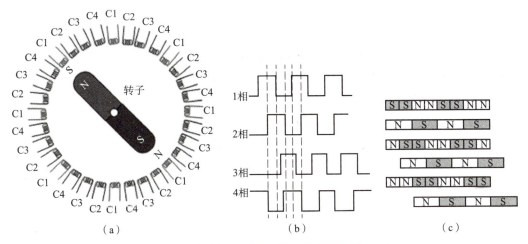

图 4-5 步进电动机式怠速控制阀的定子和转子
（a）定子；（b）输入脉冲；（c）工作过程

当步进电动机式怠速控制阀的定子铁芯线圈 C1 通电时，其磁场使转子转到 C1 磁极对应的位置；C1 断电时，电流流向 C2，因为磁场方向的改变，电磁铁被拉向 C2 磁极对应的位置，以此类推。如果发动机按照 C1—C2—C3—C4 的顺序给 4 组线圈通电，则转子正转。反之，欲使步进电动机反转，相线控制脉冲应按 C1、C2、C3、C4 的相顺序依次超前 90° 相位角，定子上 N 极反向变化，转子随之反转。

步进电动机可顺时针或逆时针旋转，使阀（丝杠）沿轴向移动（伸缩运动），改变阀与阀座之间的间隙，调节流过节气门旁通空气道的空气量。这种怠速控制阀还可用来控制发动机的快怠速，而不需要辅助空气阀。

步进电动机式怠速控制系统的控制电路如图 4-6 所示，ECU 依一定顺序使 $VT_1 \sim VT_4$ 三极管适时导通，分别向步进电动机的 4 个线圈供电，由于与转子磁场间的相互作用（同性相斥，异性相吸），驱动转子旋转，调节旁通空气道的开度，从而调节旁通空气量。

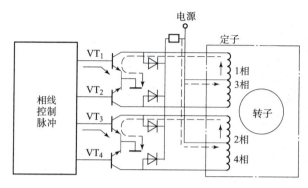

图 4-6 步进电动机式怠速控制系统的控制电路

特别提示： 由于给步进电动机每输入一定量的脉冲只转过一定角度，其转动是不连续的，所以称为步进电动机。

2）控制电路

图 4-7 为丰田公司步进电动机式怠速控制阀的电路，步进电动机安装在怠速控制阀（ISCV）内，由 4 个线圈、磁性转子、阀轴和阀组成。发动机 ECU 根据节气门位置、冷却液温度、发动机转速等信号，控制怠速的步进数，通过阀的前后移动控制怠速旁通空气道的开启面积和怠速空气量，从而控制怠速转速。

资源 4-4　步进电动机式怠速控制系统

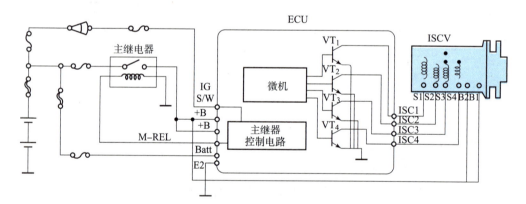

图 4-7　丰田步进电机式怠速控制阀的电路

当主继电器触点闭合后，蓄电池电流经主继电器到达怠速控制阀的 B 端子、ECU 的 +B 端子。步进电动机中的 4 个线圈分别通过端子 S1、S2、S3、S4 与 ECU 端子 ISC1、ISC2、ISC3 和 ISC4 相连，ECU 控制各线圈的搭铁回路，以控制怠速控制阀的工作。

2．旋转电磁阀式怠速控制系统

1）结构及工作原理

旋转电磁阀式怠速控制阀主要由 2 个电磁线圈、永久磁铁、双金属片和旋转电磁阀（转阀）等组成，其结构如图 4-8 所示。

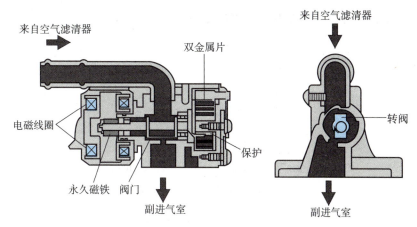

图 4-8　旋转电磁阀式怠速控制阀的结构

旋转滑阀固装在电枢轴上，与电枢轴一起转动，用以控制通过旁通空气道的空气量；电枢铁芯上绕有两组绕向相反的电磁线圈；永久磁铁安装在外壳上，形成永磁磁场；复位弹簧的作用是在发动机熄火后使转阀回位，把怠速阀旁通空气道完全打开。

当给两线圈通电时，就会产生磁场从而使电枢轴带动旋转滑阀转动，控制通过旁通空气道的空气量。

ECU 控制两线圈的通电或断开，改变两线圈产生的磁场，两线圈产生的磁场与永久磁铁形成的磁场相互作用，可改变控制阀的位置，从而调节怠速空气口的开度，以实现怠速控制。

旋转电磁阀式怠速控制阀的工作原理如图 4-9 所示，两电磁线圈通电后所产生的磁场同极相对，共同对转轴上的永久磁铁产生作用力，线圈 A 的磁场使转阀开度增大，线圈 B 的磁场使转阀开度减小。当两线圈的磁场强度相同时，转阀处于中间位置；当两磁场强度不同时，转阀发生偏转。

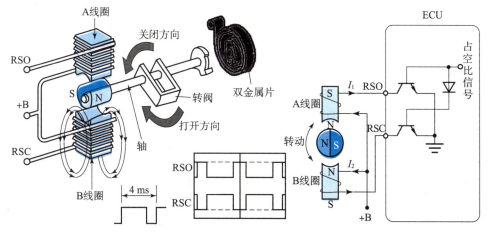

图 4-9　旋转电磁阀式怠速控制阀的工作原理

ECU 通过占空比信号来控制两线圈的电流。占空比是指发动机控制模块控制信号在 1 个周期内的通电时间与通电周期之比（即方波信号周期中高电平所占的百分比），如图 4-10 所示。

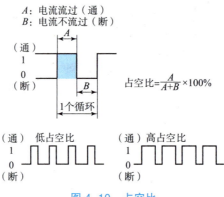

图 4-10 占空比

特别提示：ECU 控制旋转电磁阀式怠速控制阀工作时，控制阀的开度是通过控制两个线圈的平均通电时间（占空比）来实现的。但两占空比信号的频率相同、方向相反，因而占空比互补。

2）控制电路

旋转电磁阀式怠速控制阀的控制电路如图 4-11 所示。

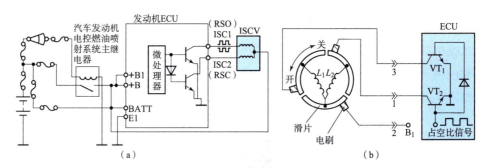

图 4-11 旋转电磁阀式怠速控制阀的控制电路

电磁线圈 L_1 和 L_2 由发动机 ECU 通过晶体管 VT_1 和 VT_2 控制，VT_1 和 VT_2 由同一信号进行反向控制，即 VT_2 导通时，VT_1 截止；VT_2 截止时，VT_1 导通。

由这两组线圈的导通时间的比例关系来决定电枢所受的转矩和偏转角度。电枢受到的转矩有如下 3 个：

T_1——线圈 L_1 产生的转矩，逆时针方向，大小与电流有关；

T_2——线圈 L_2 产生的转矩，顺时针方向，大小与电流有关；

T_3——复位弹簧产生的转矩，逆时针方向，大小与转角有关。

当点火开关置于"ON"位置时，+B 上有蓄电池电压，由于占空比控制信号和三极

管 VT_1 的基极之间接有反相器，因此三极管 VT_1、VT_2 的集电极的输出电压方向相反。电枢上交替产生方向相反的电磁力矩。

若不计复位弹簧的扭矩，则有：

当占空比为 50% 时，L_1 和 L_2 平均通电时间相等，$T_1=T_2$，电枢停止转动；

当占空比大于 50% 时，线圈 L_2 的平均通电时间长，$T_2>T_1$，电枢带动旋转电磁阀顺时针偏转，旁通空气道截面减小，怠速降低；

当占空比小于 50% 时，线圈 L_1 的平均通电时间长，$T_1>T_2$，电枢带动旋转电磁阀逆时针偏转，旁通空气道截面增大，怠速升高。

3）单线圈旋转电磁阀式怠速控制阀简介

上述旋转电磁阀式怠速控制阀为双线圈式，当前一些新型车辆开始使用单线圈旋转电磁阀式怠速控制机构。

单线圈旋转电磁阀式怠速控制阀由电磁线圈、IC（集成电路）、永久磁铁和转阀组成，如图 4-12 所示，其中转阀一端通空气滤清器，另一端通节气门后方。改变转阀的转角就可以改变旁通空气道的大小。

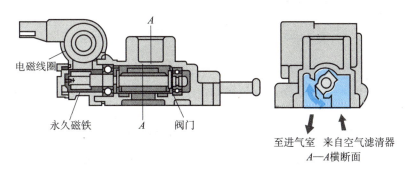

图 4-12 单线圈旋转电磁阀式怠速控制阀

单线圈旋转电磁阀式怠速控制系统的电路如图 4-13 所示，发动机 ECU 向 IC 发送一定频率的方波信号，再由 IC 控制电磁线圈的工作电流，ECU 只要改变方波信号的占空比（方波信号周期中高电平所占的百分比），即可改变电磁阀的开度。

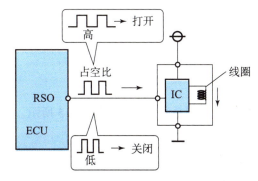

图 4-13 单线圈旋转电磁阀式怠速控制系统的电路

3. 占空比控制电磁阀型怠速控制系统

1）结构及工作原理

占空比控制电磁阀型怠速控制阀是一种脉冲线性电磁阀，其结构如图 4-14 所示，主要由电磁线圈、波纹管、阀轴及阀和弹簧等组成。

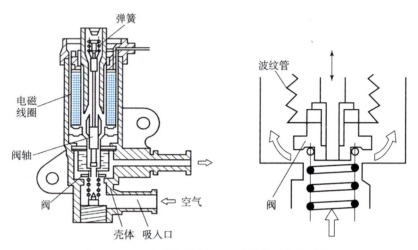

图 4-14 占空比控制电磁阀型怠速控制阀的结构

怠速控制阀的开度取决于由磁线圈产生电磁力的大小，与旋转电磁阀式怠速控制阀相同，ECU 通过控制输入线圈脉冲信号的占空比来控制磁场强度，以调节控制阀的开度，从而实现怠速空气量的控制。

怠速控制阀利用电磁线圈产生的电磁吸力，使阀轴沿轴向移动，从而控制阀门的位置。当弹簧弹力与电磁吸力达到平衡时，阀门位置处于稳定状态。电磁吸力的大小取决于 ECU 送到怠速控制阀的驱动电流的大小。而电磁线圈中平均电流的大小又取决于由 ECU 确定控制脉冲信号的占空比。占空比越大，电磁线圈中平均电流越大，电磁吸力大，阀门升程大，旁通道开度越大；反之，阀门开度越小。ECU 根据各种传感器的输入信号控制占空比控制电磁阀型怠速控制阀（VSV 阀）的打开和关闭，控制旁通空气量，使发动机保持稳定的怠速运转。

特别提示：波纹管的作用是消除阀门上下压差对阀门开启位置的影响。这种怠速控制阀的优点是结构简单、体积小、质量轻、响应速度非常快。这种怠速控制系统在日产车和福特车上都被应用。

2）控制的电路

占空比控制电磁阀型怠速控制系统的电路如图 4-15 所示。

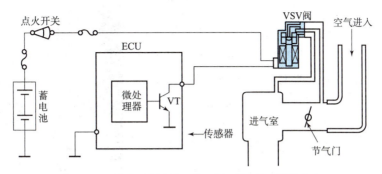

图 4-15 占空比控制电磁阀型怠速控制系统的电路

日产轿车怠速运转不稳

【案例概况】

一辆日产前进轿车，装用 CG130DE 型发动机，采用 5 挡手动变速器，车主反映，该车怠速运转不稳，转速表指针上下跳动。

【案例解析】

诊断与排除：先起动发动机，待暖机后观察发动机转速表，转速表指针在 580～700 r/min 之间变化不定，说明怠速运转不稳。该车怠速控制阀采用旋转式电磁阀，日产称之为 ACC 阀，ACC 与 FICD（快怠速控制系统）为一体化。用"金德"K8 综合测试仪检测 ACC 阀的信号电压波，无负荷占空比为 55%，接通空调开关的加载比为 73%，从接通空调开关搭铁时间延长这一点来看，进入 ECU 的两根配线是开阀搭铁。仪器显示占空比加大，说明 ACC 阀有故障，拆检 ACC 阀，发现 ACC 阀沾有很多黑煤烟积存物。用发动机清洗剂清洗干净，确认旋转电磁阀动作正常后又组装上去，发现 O 型密封圈歪斜，重新安装好 O 型密封圈，之后一切正常。

4.1.3 节气门直动式怠速控制系统

节气门直动式怠速控制系统直接通过对节气门最小开度的控制来控制怠速，也称为半电子节气门。其节气门体上不再设置旁通气道，也不再设置怠速控制阀，发动机 ECU 通过直接控制节气门开度的方式来控制怠速转速，如图 4-16 所示。节气门只有在怠速工况下才受发动机 ECU 的控制，非怠速工况则由驾驶员通过加速踏板人工控制。

这种控制形式的优点是结构简单、工作稳定性好，缺点是采用了齿轮减速机构后，执行速度慢、动态响应性差。

1. 结构

下面以大众车系节气门直动式怠速控制系统（桑塔纳时代超人）为例进行说明，其结构如图 4-17 所示，主要由怠速电动机及其多级减速齿轮机构、节气门电位计、怠速开关、怠速节气门电位计及应急弹簧等组成。

大众车系把怠速控制器和节气门位置传感器都装在节气门体内，构成了节气门总成。节气门总成的构造与主要部件名称如下所述。

（1）节气门电位计 G69，相当于一节气门位置传感器，向计算机提供节气门从全关到全开的位置信号。它由一可变电阻器（滑动电阻）和一触点开关组成，用于检测发动机工况、怠速工况、负荷工况、加速工况、减速工况等。

（2）怠速节气门电位计 G88，反馈给计算机驱动电动机 V60 的位置信号，只负责怠速范围。

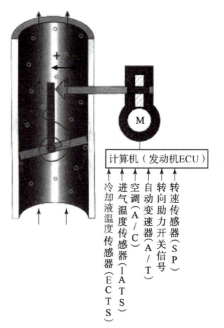

图 4-16 节气门直动式怠速控制系统

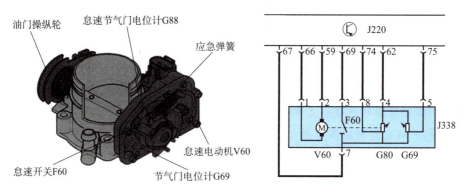

图 4-17 大众车系节气门直动式怠速控制系统的结构

（3）怠速开关 F60，怠速时，开关闭合，其他状态时断开，向发动机 ECU 提供怠速位置信号。

（4）怠速电动机 V60，驱动节气门打开 2°~5°，稳定怠速，其他状态节气门的开度由油门拉线控制。

（5）应急弹簧，如果发动机 ECU 对直流电动机的控制失效，或者电动机故障损坏，则应急弹簧将节气门拉到一个特设的应急位置，转速可达 1 500 r/min 以维持车辆行驶，防止因节气门全闭而熄火。

2. 工作原理

当直流电动机通电转动时，经多级减速齿轮机构减速增扭后，最终驱动节气门轴转动，从而改变怠速时节气门开度的大小。发动机怠速运转时，发动机 ECU 根据各传感器的信号，控制直流电动机的正、反转和转动量，以改变节气门开度位置，实现对怠速进气量进行控制的目的。

资源 4-5　节气门直动式怠速控制阀（1）

下面以大众车系节气门直动式怠速控制系统为例说明其工作原理。发动机进入怠速工况时，怠速开关闭合，发动机 ECU 由此判定进入怠速状态。怠速控制器根据发动机的负荷（进气量）和发动机温度对节气门进行控制。当发动机温度低时，节气门开度大。当发动机温度高时，节气门开度小。当突然放松或加速踏板时，怠速控制器控制节气门逐渐关闭，直至达到所需的怠速。在紧急运行状态下，节气门控制部件电源被切断，节气门控制部件内的应急弹簧将节气门定位在预设的紧急运行位置，此时驾驶员对节气门的调节均无效。

资源 4-6　节气门直动式怠速控制阀（2）

总结：当松开加速踏板时，节气门试图关闭，却触动了怠速开关，紧接着电动机运转，按预定开度打开节气门，同时发动机 ECU 修正喷油量。

4.1.4　怠速控制的目标与主要内容

1．怠速控制的目标

在汽车使用中，怠速转速的高低直接影响燃油消耗和排放污染。在我国汽修行业中，怠速工况下的故障率及与怠速控制有关的各种故障率远大于其他工况的故障率。因此，车用发动机对怠速控制系统提出了很高的要求。

1）正常怠速或低怠速

水温正常，且空调、大灯等附属设备关闭时，怠速一般应为 650～850 r/min，称为正常怠速或低怠速。

2）起动、暖机怠速

起动、暖机时，由于冷却液温度较低、发动机内部摩擦力较大，低怠速下容易造成运转不稳，且长时间低温运行会增大发动机磨损，因此，要求怠速适当提高（提高幅度和冷却液温度相关，温度低，提高幅度大），这样既有利于运转平稳，又利于快速暖机。随着冷却液温度的升高，要求转速也逐渐步向正常怠速或者低怠速。

3）高怠速

当打开空调、前照灯等附属设备，动力转向投入工作或自动变速器换上行驶挡位时，发动机的负载增大，转速有下降的趋势，此时要求怠速转速自动提高，一般要求达到 1 000～1 200 r/min，称为高怠速（或快怠速）。

无论是旁通空气式怠速控制系统还是节气门直动式怠速控制系统，发动机怠速控制的内容都大同小异，本书以旁通空气式怠速控制系统为例介绍怠速控制。

2．怠速控制的主要内容

下面以丰田车系为例，介绍旁通空气式怠速控制的主要内容。

1）怠速控制阀开度与旁通进气量的关系

丰田轿车怠速控制阀开度与旁通进气量的关系如图4-18所示。

2）发动机起动时的怠速控制

当发动机接收到起动信号（STA），确定发动机将起动时，打开怠速控制阀以改善起动性。如果使用旋转电磁阀式怠速控制阀，则根据发动机转速信号（Ne）和冷却液信号来控制怠速控制阀的打开位置，如图4-19所示。

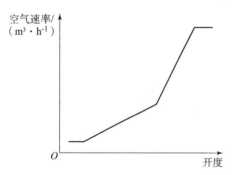

图4-18 怠速控制阀开度与旁通进气量的关系

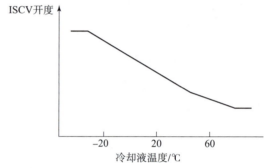

图4-19 旋转电磁阀式怠速控制阀起动控制

如果使用步进电动机式怠速控制阀，在点火开关关闭后，发动机ECU仍然给主继电器供电一段时间，使怠速控制阀设置在完全打开的位置，以改善发动机下一次起动的起动能力，如图4-20所示。

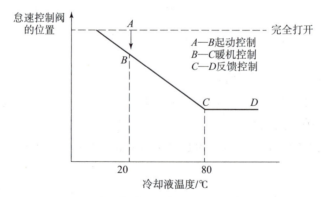

图4-20 步进电动机式怠速控制阀的起动控制

3）发动机暖机怠速控制

当发动机处于冷态时，由于发动机油黏性变高和燃料雾化较差等因素影响，造成怠速转速不稳定，此时必须使发动机转速高于正常值，称为快速怠速。发动机起动后，发动机 ECU 按照冷却液温度控制怠速控制阀的开度以增加怠速转速。当冷却液温度升高时，发动机 ECU 控制怠速控制阀使其趋向关闭方向以降低怠速转速。步进电动机式怠速控制阀的暖机控制参数如图 4-20 所示，旋转电磁阀式怠速控制阀的暖机控制如图 4-21 所示。

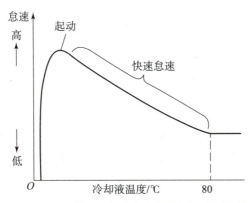

图 4-21　旋转电磁阀式怠速控制阀的暖机控制

4）反馈控制

反馈控制就是把存储在发动机 ECU 内的目标怠速转速和实际怠速转速相比较，然后控制怠速控制阀，将实际怠速转速校正为目标怠速转速。目标怠速转速随发动机的工作条件（如空挡起动开关状态、电负荷信号状态、空调开关信号等）发生变化。

5）发动机转速变化的判断控制

发动机转速变化的判断控制是根据发动机的负荷判断怠速转速变化，并据此控制怠速控制阀的稳定怠速。当换挡杆从 D 挡换到 N 挡或者从 N 挡换到 D 挡时，或者当某电路器件发生开关动作后，发动机负荷发生改变，怠速转速就随之增大或减小。尽管反馈控制会增大或减小怠速转速，但是只有达到目标怠速转速时，怠速转速才稳定。因此，当发动机 ECU 从电路器件接收到发动机负荷信号后，在怠速转速变化前，就控制怠速控制阀动作以减小怠速转速的变化量。

6）其他控制

当节气门位置传感器的 IDL 点关闭（松开加速踏板）时，发动机 ECU 打开怠速控制阀，以防止发动机转速的突然降低。在配有电动液压式动力转向的车辆中，当电负荷增加时，发动机 ECU 就会打开怠速控制阀，以防止怠速转速降低。

特别提示：在怠速控制系统中，ECU 需要根据节气门位置信号和车速信号等对怠速状态进行确认，只有在节气门全关、车速为 0、怠速状态确认的情况下才进行怠速反馈控制。

资源 4-7　怠速控制的过程

4.2 项目实施

在汽车的使用中,发动机怠速运转的时间约占30%,我国怠速工况下的故障率及与怠速控制有关的各种故障率远大于其他工况的故障率。发生故障后,关键是懂得如何进行检测和分析。

4.2.1 怠速控制系统的就车检测

1. 项目实施目标

掌握怠速控制系统的就车检查步骤;会运用各种怠速控制系统的就车检查方法;能对怠速控制系统的主要部件进行检测及故障诊断;同时进一步熟悉各元器件的功用和基本工作原理。

2. 项目实施准备

大众捷达汽车(或其他汽车1辆);万用表1只;发动机舱防护罩1套;三件套1套;通用工具1套。

3. 项目实施步骤

怠速控制系统的就车检测方法有以下3种,可酌情选用。

(1)发动机怠速运转状况检测。

在冷车状态下起动发动机后,暖机过程开始时,发动机的怠速转速应能达到规定的快怠速转速(通常为1 500 r/min);在发动机达到正常工作温度后,怠速转速应能恢复正常(通常为750 r/min)。如果冷车起动后怠速不能按上述规律变化,则怠速控制系统有故障。

发动机达到正常工作温度后,在打开空调开关时,发动机怠速转速应能上升到900 r/min左右。若打开空调开关后发动机转速下降,则怠速控制系统有故障。

在发动机怠速运转中,若对怠速调整螺钉做微量转动,发动机怠速转速应不会发生变化(转动后应使怠速调节螺钉恢复原来的位置)。若在转动中怠速转速发生变化,则说明怠速控制系统不工作。

(2)怠速控制阀的工作状况检查。

对于电磁阀式怠速控制阀,可在发动机怠速运转中拔下怠速控制阀的线束连接器,观察发动机的转速是否有变化。若此时发动机转速有变化,则怠速控制阀工作正常。对于步进电动机式怠速控制阀,可在发动机熄火后的一瞬间倾听怠速控制阀是否有"嗡嗡"的工作声音(此时步进电动机应工作,直到怠速控制阀完全开启,以利于发动机再起动）。若怠速控制阀发出"嗡嗡"声，则怠速控制阀良好。为了检查步进电动机式怠速控制阀的工作状况，也可以在发动机起动前拔下怠速控制阀的线束连接器，待发动机起动后再插上，观察发动机转速是否有变化。如果此时发动机转速有变化，则怠速控制阀工作正常；否则，怠速控制阀或控制电路有故障。

（3）ECU控制电压的检测。

对于电磁阀式怠速控制阀，应拔下怠速控制阀的线束连接器，用万用表电压挡测量其端子电压。如果在发动机运转过程中，怠速控制阀的线束连接器端子有脉冲电压输出，则ECU和怠速控制系统线路无故障。若无脉冲电压输出，可打开空调开关后再测试。若仍无脉冲电压输出，则怠速控制系统不工作，应检查ECU与怠速控制阀之间的线路（是否有接触不良或断路故障）；若怠速控制系统的线路无故障，则说明ECU有故障，应更换ECU。

4.2.2 旁通空气式怠速控制阀的检修

1. 项目实施目标

会进行各种旁通空气式怠速控制阀及其控制电路的检查；能对旁通空气式怠速控制阀进行检测及故障诊断；同时进一步熟悉各元器件的功用和基本工作原理。

2. 项目实施准备

丰田汽车1辆（或其他采用旁通空气式怠速控制系统的汽车）；丰田汽车专用故障诊断仪1台；万用表1只；发动机舱防护罩1套；三件套1套；通用工具1套。

3. 项目实施步骤

1）步进电动机式怠速控制阀的检查

（1）基本检查。

起动发动机，然后关闭发动机，听怠速控制阀是否有"咔嗒"声（进行起动位置设定时所发出的声音）。若有，则怠速控制阀及其控制电路基本正常；若无，则怠速控制阀及其控制电路存在故障。

（2）检查怠速控制阀的电阻。

拔下怠速控制阀的连接器，用万用表测步进电动机的4个线圈的电阻值：B1与S1之间、B1与S3之间、B2与S2之间、B2与S4之间（见图4-22），所测电阻值应均为10~30 Ω（丰田汽车）。如果有一处不正常，则应更换怠速控制阀。

（3）检查怠速控制阀的运行。

从节气门体上拆下怠速控制阀。将蓄电池的正极接在怠速控制阀的B1端子和B2端子上，如图4-23所示。

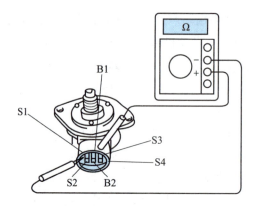

B1、B2—公共端子；S1、S2、S3、S4—步进电动机第1组~第4组的线圈端子。

图 4-22　检查怠速控制阀的电阻

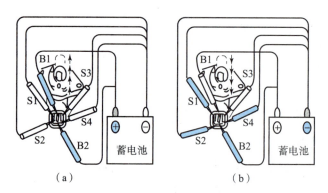

图 4-23　检查怠速控制阀的运行

（a）按 S1—S2—S3—S4 顺序；（b）按 S4—S3—S2—S1 顺序

按照 S1—S2—S3—S4 的顺序将各个线圈的端子与蓄电池的负极相连，怠速控制阀应逐步伸出；按照 S4—S3—S2—S1 的顺序将蓄电池的负极与各个线圈的端子相连，怠速控制阀应逐步缩入。

如果不符合要求，则应更换怠速控制阀。

（4）检查怠速控制阀的供电电压。

将点火开关转至"ON"位置，用万用表测怠速控制阀的连接器中的 B1 端子和 B2 端子的对地电压，应为 12 V，否则检查主继电器与怠速控制阀的连接器 B1 端子和 B2 端子之间的线路。

如果以上情况都正常，但怠速控制阀仍然不工作，则应更换 ECU。

2）旋转电磁阀式怠速控制阀（新型）的检查（以丰田 5A-FE 发动机为例）

（1）拔下怠速控制阀的连接器，从节气门体上拆下怠速控制阀。

（2）重新连接怠速控制阀的连接器。

（3）接通点火开关，检查怠速控制阀的工作情况。

（4）检查旁通空气道有无污物阻塞情况，如有，则应进行清洁。

3）双线圈旋转电磁阀式怠速控制阀（旧型）的检查（以丰田 5A-FE 发动机为例）

（1）拔下怠速控制阀的连接器，从节气门体上拆下怠速控制阀。

（2）测量怠速控制阀两个线圈的电阻。

（3）用万用表测怠速控制阀两个线圈的搭铁情况。

（4）分别向怠速控制阀的 +B 端子与 ISC1 端子之间、+B 端子与 ISC2 端子之间提供 12 V 电压（时间不超过 1 s），看怠速控制阀是否动作。如图 4-24 所示，如无动作，则应更换怠速控制阀。

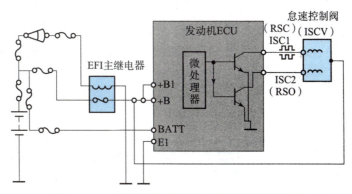

图 4-24　双线圈旋转电磁阀式怠速控制阀的检查

（5）用万用表检查怠速控制阀的连接器线束侧 ISC1 端子、ISC2 端子与发动机 ECU 的线路连接情况，如有断路，则查找断点并进行维修。

（6）用万用表测怠速控制阀的连接器线束侧 ISC1 端子、ISC2 端子的搭铁情况。

（7）检查发动机 ECU 的电源电路、搭铁电路。

（8）检查旁通空气道有无污物阻塞情况，如有，则进行清洁。

如果以上情况都正常，但接上发动机 ECU 后怠速控制阀仍然不工作，则应更换发动机 ECU。

 应用案例 4-2

广汽丰田凯美瑞怠速不稳

【案例概况】

一辆行驶里程约 86 000 km 的广汽丰田凯美瑞轿车（全电子节气门）。用户反映：该车发动机怠速不稳，偶尔出现熄火的现象。

【案例解析】

故障诊断：节气门体或步进电动机故障、进气系统故障、电路故障、气缸压力不足、油路系统故障、其他故障。

故障排除：连接IT-Ⅱ，检查发动机控制系统，系统无故障码。根据经验，当发动机节气门体脏污后也有同样现象，而该车行驶里程比较长。因此，决定清洗节气门体，但清洗后故障依旧。当发动机冷却液温度升高后故障现象更为明显。再次连接IT-Ⅱ，发现怠速开关始终处于OFF状态。按照控制原理，当加速踏板全松开时，怠速开关应该处在ON状态。再次询问驾驶人，原来该驾驶人曾经在其他地方调整过节气门体。

因为该车是全电子节气门，不可调整，如有破坏必须更换。按照修理手册的要求更换了节气门体后，起动试车故障消除，一切恢复正常。

特别提示：怠速转速过低现象往往并存着怠速抖动、熄火等现象，其根本原因是缸内燃烧做功不足。混合气过浓将使缸内燃烧不完全、不稳定，从而使发动机动力下降；混合气过稀将使缸内燃烧缓慢，以致发动机动力不足；混合气质量变差，同样会使燃烧做功不足，如冷却液渗漏、油质不佳等；混合气量值不足也是燃烧做功不足的原因。

4.3　知识与能力拓展——全电子节气门

近年来，许多车型上又出现了一种所谓的"全电子节气门"，或者称为"智能节气门"。它利用发动机ECU来控制节气门的动作，使得发动机的进气量不直接由加速踏板来控制，其全部开度范围都受发动机ECU控制，当然也包括怠速控制。

1. 全电子节气门的结构与工作原理

全电子节气门是由节气门与节气门执行器（节气门控制电动机）、节气门角度传感器构成，如图4-25所示。节气门上有两反相互补的电位器负责监控加速踏板的运动情况，发动机ECU采集加速踏板上电位器（两个反相互补电位器）的信号和分析诸多其他信号后，来精确确定和控制节气门的开度。

全电子节气门的主要工作特点是：用节气门控制电动机取代了节气门拉索，在加速踏板处另设一个加速踏板位置传感器，发动机ECU根据该传感器的信号改变节气门控制电动机的电流大小和方向，从而控制节气门的开度，节气门的实际开度则由节气门位置传感器反馈给发动机ECU。全电子节气门的工作原理如图4-26所示。

触点开关式节气门位置传感器（TPS）主要由节气门轴、怠速触点（IDL）、大负荷触点（PSW）及随节气门轴转动的凸轮等组成，如图4-27所示。当IDL和PSW信号分别为"0""1"时，发动机ECU判断节气门处于怠速位置，因而对发动机进行怠速方面的控制，包括正常冷却液温度低怠速、低冷却液温度高怠速、开空调高怠速、强制怠速断油等。其电路及信号如图4-28所示。

项目四 怠速控制系统检修

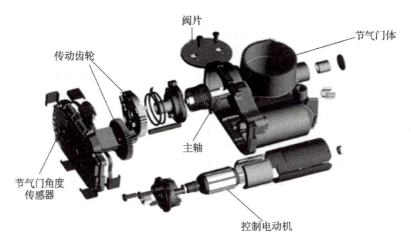

图 4-25　全电子节气门的结构

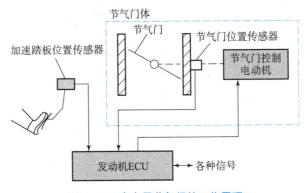

图 4-26　全电子节气门的工作原理

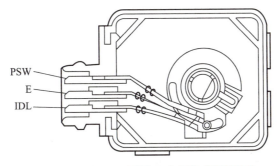

图 4-27　触点开关式节气门位置传感器的结构

2．车型实例

丰田车系全电子节气门的结构如图 4-29 所示，其主要由节气门、节气门控制电动机、齿轮机构、节气门位置传感器、节气门复位弹簧和其他部件组成。

当没有电流流向电动机时，复位弹簧使节气门开启到一固定位置（大约 7°，丰田卡罗拉为 6°），但是在正常怠速期间，节气门开度反而要小于这个固定值。

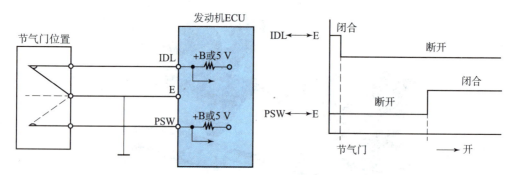

图 4-28　触点开关式节气门位置传感器的电路及信号

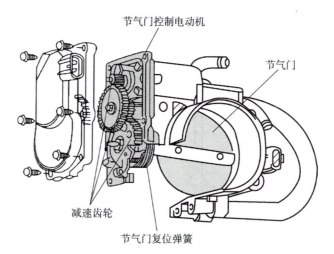

图 4-29　丰田车系全电子节气门的结构

3．全电子节气门的其他控制功能

采用全电子节气门时还可以实现如下控制功能。

扭矩激活控制功能：节气门开度小于或大于加速踏板转角，以确保汽车平稳加速。如图 4-30 所示，当驾驶员突然踩下加速踏板时，如果没有转矩激活功能，则节气门开度与加速踏板转角同步，汽车加速度会迅速升高，然后又逐渐下降。

怠速控制功能：发动机 ECU 通过控制节气门开度，使发动机保持理想怠速状态。

换挡减振控制：自动变速器换挡时减小节气门开度，从而降低发动机转矩。

驱动防滑控制：驱动轮出现滑转现象时，减小节气门开度，从而降低发动机转矩。

车身动态控制功能：当车辆高速转弯时，如果出现侧滑现象，则减小节气门开度，从而降低发动机功率。

巡航控制功能：发动机 ECU 直接控制节气门开度，实现巡航控制功能。

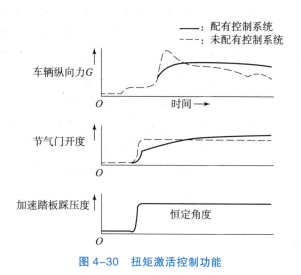

图 4-30 扭矩激活控制功能

综合应用案例

冷车起动困难

【案例概况】

一辆丰田轿车,出现冷车起动困难现象。该车设有自诊断装置,调取故障码,显示无故障码。

【案例解析】

驾驶员反应该车发动机怠速不稳,更换节气门阀体总成后怠速居高不下,冷车转速无法提升,热车后怠速高达 1 200 r/min,故障灯不亮。

首先检查怠速电动机电路,发现电路有两根线断路,连接好线路,再次起动发动机,但怠速同样是居高不下。冷却后起动发动机,冷车高怠速正常,热车后怠速为 1 200 r/min,故障有所好转。

拆下怠速电动机,打开、关闭点火开关,怠速电动机伸缩正常。检测怠速控制阀的线圈电阻值,所测电阻值如表 4-1 所示,说明怠速控制阀正常。

表 4-1 检测怠速控制阀的线圈电阻值

序号	端子	测量值/Ω	标准值/Ω	结论
1	B1-S1	20	10~30	正常
2	B1-S3	20	10~30	正常
3	B2-S2	20	10~30	正常
4	B2-S4	20	10~30	正常

于是检查真空管路，发现无漏气现象，用手堵住发动机怠速旁通空气道，发动机怠速发生明显变化，用手堵死旁通空气道，发动机熄火，更换旧的节气门体，发动机怠速稳定在 800～1 000 r/min 的不定位置，每次放松节气门，怠速都在变化，经检查发现节气门轴松，无法维修。说明故障在机械部分，即怠速电动机没有按要求控制气道。

再做怠速控制阀的伸缩长度检查，新、旧怠速电动机伸缩长度相同，没有发现异常。检查怠速控制阀座，发现怠速控制阀深度不同，新的怠速控制阀座过深即怠速电动机无法按要求控制旁通空气道，造成怠速时流经气道的空气过多，导致怠速转速过高，更换原厂节气门体，起动发动机后，怠速稳定在 750 r/min，冷却后起动发动机，高怠速正常，热车怠速（正常怠速）稳定在 750 r/min，故障排除。

知识链接

怠速转速的影响因素

ECU 将目标转速与实际转速进行比较，根据比较结果控制执行元件工作，以调节进气量，使发动机的怠速转速达到所确定的目标转速。而怠速转速的影响因素包括以下内容。

（1）冷却液温度。当发动机冷却液温度较低时，系统给出较高的目标怠速 1 200 r/min 以加速暖车；而对于采用机械风扇的发动机，当发动机冷却液温度过高时，系统也会施以较高的怠速 1 300 r/min，目的是增加冷却液箱的进风量。

（2）外加负载。当空调发生变化时，目标怠速将提升 150 r/min。

（3）近光灯开启。为补偿其电力消耗，目标怠速将提升 50 r/min。

（4）系统电压补偿。当系统电压低于 12 V 时，系统会将目标怠速自动提升 50 r/min。

（5）车速补偿。当车辆在行驶时，目标怠速较停车时提高 50 r/min。

（6）减速调节。当减速及停车时，逐步递减至停车状态的目标怠速。

本项目小结

（1）正常怠速或低怠速一般为 750～850 r/min，起动、暖机时要求怠速适当提高，随着冷却液温度的升高，要求转速逐步向正常怠速或低怠速过渡。

（2）打开空调、大灯等附属设备，动力转向投入工作或自动变速器挂上行驶挡位时，要求怠速转速自动提高，一般要求达到 1 000～1 200 r/min，称为高怠速（或快怠速）。

（3）发动机的怠速控制系统有旁通空气式和节气门直动式两大类，旁通空气式又有旋转电磁阀式、步进电动机式等多种类型。采用真空电磁阀式和转阀式怠速控制阀时，ECU 一般通过占空比来控制怠速控制阀的开度；采用步进电动机式怠速控制阀时，

ECU一般通过改变4个线圈的通电顺序来改变怠速控制阀的开度。

（4）旋转电磁阀式怠速控制阀检查的内容主要包括：检查旁通空气道有无污物阻塞情况、测线圈的电阻、测线圈的搭铁情况、检查怠速控制阀的动作情况、检查怠速控制阀与ECU之间的线路情况等。

（5）步进电动机式怠速控制阀检查的内容主要包括：基本检查、怠速控制阀线圈电阻的检查、怠速控制阀运行情况的检查、怠速控制阀供电电压的检查等。

（6）大众车系所用怠速控制系统的检查主要依靠汽车专用故障诊断仪V. A. G1551/1552，需要注意：对节气门与ECU进行匹配、对怠速转速进行设定、对ECU与防盗器进行匹配、对ECU编码等操作的方法。

（7）怠速调整分为机械调整和计算机自动控制两部分。人工对怠速系统进行的机械调整是基础，在此基础上计算机根据各种传感器提供的信息进行运算，选择最佳的控制目标，指示执行机构完成，使怠速转速接近目标值。

（8）全电子节气门的主要特点是：用节气门控制电动机完全取代节气门拉索，但在加速踏板处另设一加速踏板位置传感器。

（9）通过本项目的实施，能正确认识发动机怠速控制系统中各传感器、执行器及ECU及其安装位置，同时进一步熟悉各怠速控制阀的功用和基本工作原理。整个项目实施包括：明确实训目的、做好设备准备、制订实训步骤和严格实训要求。

一、单选题

1. 正常怠速或低怠速一般应为（　　）。
　　A. 400~500 r/min　　　　　　　　B. 750~850 r/min
　　C. 1 000~1 200 r/min　　　　　　D. 500~600 r/min

2. 测量（　　）怠速控制阀的两线圈的电阻值都应该为17~24.5 Ω。
　　A. 双线圈旋转电磁阀式　　　　　B. 单线圈旋转电磁阀式
　　C. 步进电动机式　　　　　　　　D. 真空电磁阀式

3. 当IDL和PSW信号分别为（　　）时，发动机ECU判断节气门处于怠速位置，因而对发动机进行怠速方面的控制。
　　A. 0，0　　　　B. 1，1　　　　C. 1，0　　　　D. 0，1

4. 怠速控制的实质就是对怠速工况下的_____进行控制，所以也将怠速控制系统称为怠速空气控制系统，简称_____。（　　）
　　A. 喷油量、IAC　　　　　　　　B. 进气量、TPS
　　C. 进气量、IAC　　　　　　　　D. 进气量、IC

5. 当驱动轮出现滑转现象时，减小节气门开度，从而降低发动机转矩，属于全电子节气门的（　　）功能。

  A．扭矩激活控制   B．换挡减振控制

  C．驱动防滑控制   D．巡航控制

二、多选题

1. 怠速工况通常是指（　　）。

  A．节气门完全关闭   B．发动机对外无功率输出

  C．保持最低转速稳定运转   D．加速踏板完全松开

2. 怠速控制系统主要由（　　）等几部分组成。

  A．怠速控制阀   B．传感器

  C．ECU   D．执行器

3. 节气门直动式怠速控制系统怠速时，（　　）。

  A．节气门完全关闭 B．油门踏板完全松开

  C．保持最高转速稳定运转   D．节气门并不完全关闭

4. 下列关于步进电动机式怠速控制阀的描述正确的是（　　）。

  A．步进电动机与怠速控制阀做成一体，装在进气总管内

  B．电动机可顺时针或逆时针旋转，通过改变阀与阀座的间隙，调节旁通空气道的空气量

  C．怠速控制阀还可用来控制发动机的快怠速，同时还需要辅助空气阀

  D．由于给步进电动机每输入一定量的脉冲只转过一定角度，其转动是连续的，所以称为步进电动机

5. 双线圈旋转电磁阀式怠速控制阀的开度是通过控制两线圈的平均通电时间（占空比）来实现的，但两占空比信号（　　）。

  A．频率相同   B．方向相反

  C．方向相同   D．占空比互补

三、问答题

1. 怠速控制系统的功用有哪些？
2. 简述旁通空气式怠速控制系统的基本组成和工作原理。
3. 叙述步进电动机式怠速控制阀的检查步骤。
4. 全电子节气门的结构与主要工作特点是什么？

四、案例题

  一辆行驶里程约22 000 km，搭载5NR发动机的2014年产丰田新威驰轿车。车主反映：该车怠速时发动机出现明显的抖动且转速不稳的现象，不论冷车还是热车都有此现象，而且在打开空调开关后没有怠速转速提高现象。请根据该车故障现象，分析可能的原因并提出可行的诊断流程。

项目五 发动机进气控制系统检修

学习目标

（1）知晓电控汽油发动机进气控制系统的种类、组成及各部分的功能。
（2）掌握电控汽油发动机进气控制系统各组件的结构、原理。
（3）能对电控汽油机进气系统进行检测。
（4）知晓电控汽油发动机进气控制系统检修的注意事项。

学习要求

能力目标	知识要点	权重
了解动力阀控制系统的功能、工作原理	动力阀控制系统的功用、工作原理	15%
能识别进气谐波增压控制系统的组件，能对系统组件进行检测	进气谐波增压控制系统的功用、控制原理、控制电路	25%
能识别废气涡轮增压系统的组件，完成检测任务	增压的定义、分类；废气涡轮增压系统的组成、工作原理	30%
具备识别 VTEC 系统组件，并对其进行检测的能力	VVT-i 的组成、控制原理、工作过程；VTEC 的组成、工作过程	30%

引 例

一辆配置 2JZ-GE 发动机的丰田皇冠 3.0 轿车，客户投诉无论是冷车状态，还是热车状态，发动机均出现怠速不稳现象，且在行车过程中加速无力。进厂之前，已在别的修理厂检修过燃油系统、点火系统，但故障现象依旧。那么接下来，应如何从进气控制系统进行排查？需要了解哪些知识？完成哪些检查项目？

5.1 相关知识

5.1.1 进气增压控制

为了改善发动机的动力性能，使发动机的输出功率能够根据负荷的变化在一定范围内自动调整，因而采用了发动机进气增压控制系统。目前汽车上常见的有动力阀控制系统、进气谐波增压控制系统和废气涡轮增压控制系统等。

1. 动力阀控制系统

1）功能

动力阀控制系统的功能是控制发动机进气道的空气流通截面积的大小，以适应发动机不同转速和负荷的进气量需求，从而改善发动机的动力性。此系统在日本本田ACCORD等部分轿车的发动机上采用。

2）组成

动力阀控制系统主要由ECU、真空罐、真空电磁阀、膜片真空气室、动力阀等组成，其结构如图5-1所示。

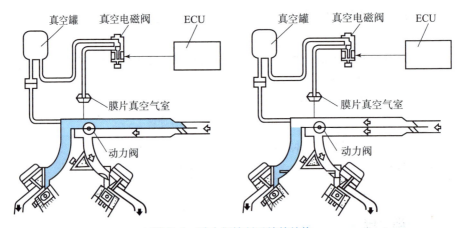

图5-1 动力阀控制系统的结构

控制进气道空气流通截面大小的动力阀安装在进气管上，动力阀的开闭由膜片真空气室控制，ECU根据各传感器信号通过真空电磁阀控制真空罐与膜片真空气室的真空通道。

3）工作原理

在进气量较少的低速、小负荷工况下，使进气道空气流通截面减小，可提高进气流速，增大进气的气流惯性以提高发动机的

资源5-1 动力阀控制系统

充气效率。此外，随进气流速度提高也可增加气缸内的涡流强度，有利于低速、小负荷工况下的燃烧和热效率的提高，从而改善发动机的低速性能。而在进气量较多的高速、大负荷工况下，适当增大进气道空气流通截面，不仅可以减小进气阻力、提高进气量，而且对由于进气流速过高而导致的燃烧室内气流扰动也可起到抑制作用，有助于改善发动机的高速性能。

具体控制过程为：当发动机小负荷运转时，进气量较少，ECU断开真空电磁阀搭铁回路，真空罐中的真空不能进入膜片真空气室，动力阀处于关闭位置，进气通道变小，发动机输出小功率。当发动机大负荷运转时，进气量较多，ECU接通真空电磁阀搭铁回路，真空罐中的真空度经真空电磁阀进入膜片真空气室，动力阀开起，进气通道变大，发动机输出大的扭矩和功率。

特别提示：动力阀控制系统的主要控制信号有发动机转速、冷却液温度、空气流量等信号。

2. 进气谐波增压控制系统

1）功用

进气谐波增压控制系统（Acoustic Control Induction System，ACIS）的功能就是根据发动机转速的变化，改变进气管内压力波的传播距离，以提高充气效率、改善发动机的性能。

在发动机工作时，进气门从关闭到下一次开启的时间间隔，取决于发动机的转速；进气管内的压力波反射到进气门处所需的时间，取决于压力波传播路线的长度。当进气管较长时，压力波传播的距离长，发动机的低速性能较好；当进气管较短时，压力波传播的距离短，发动机的高速性能较好。

2）组成

典型车系进气谐波增压系统主要由进气管道、控制阀及真空驱动器组成，其结构如图5-2所示。控制阀用于控制进气通道的长短，该阀受真空驱动器控制，而真空驱动器受ECU控制的真空电磁阀控制。

3）工作原理

ACIS的工作原理如图5-3所示，在发动机的进气管中部增设一个大容量空气室和真空电磁阀，当发动机低速运转时，同一气缸的进气门关闭和开启间隔的时间较长，大容量空气室出口的控制阀关闭，此时进气管内的脉动压力波传递路径从空气滤清器经进气道、节气门，至进气门。由于这一距离较长，波长较大，适合发

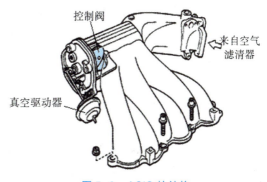

图5-2 ACIS的结构

动机在中低转速区域形成气体动力增压。当发动机处于高速运转时，控制阀开启，由于大容量空气室的参与，在进气道的控制阀处形成气帘，使进气压力脉动波只能在空气室出口和进气门之间传播，相当于缩短压力波的传播距离，使发动机在高速区也能得到较好的进气增压效果。借此实现压力波传播路线长度的改变，从而兼顾低速和高速的进气增压效果。

资源 5-2　ACIS 的组成结构

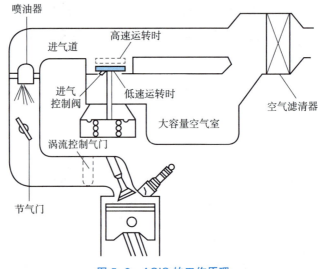

图 5-3　ACIS 的工作原理

下面以丰田皇冠车型 2JZ-GE 发动机上采用的 ACIS 为例说明其控制原理。如图 5-4 所示，ECU 根据发动机转速信号控制真空电磁阀的开闭。低速时，真空电磁阀电路不通，真空电磁阀关闭，真空罐的真空不能进入真空驱动器的真空气室，受真空气室控制的进气控制阀处于关闭状态，进气压力波在最长距离内传递；高速时，ECU 接通真空电磁阀的电路，真空电磁阀打开，真空罐的真空进入真空气室，吸动膜片，从而将进气控制阀打开，此时压力波在最短距离内传递。由此可见，发动机是在 ECU、真空电磁阀、真空罐和真空驱动器的共同作用下实现进气增压效果的。

图 5-5 为另一种进气谐波增压系统，奥迪 1.8L ANQ、2.4L APS、2.8L ATX 等车型发动机均有采用。它通过控制转换阀的开或关，改变进气管的有效长度，实现进气谐波增压功能。

当发动机在中低转速工况运行时，ECU 使转换阀关闭，进气管有效长度变长，空气按如图 5-6（a）所示的路线进入气缸，有利于增大发动机中低转速时的扭矩。当发动机在高转速工况运行时，ECU 使转换阀打开，进气管有效长度变短，空气按如图 5-6（b）所示的路线进入气缸，有利于增大发动机高转速时的输出功率。

资源 5-3　奥迪可变长度进气管

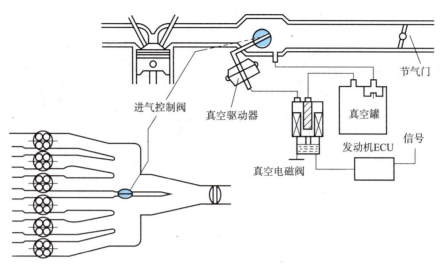

图 5-4　ACIS 的控制原理（丰田皇冠 2JZ-GE）

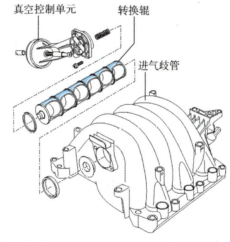

图 5-5　可变进气管有效长度谐波增压系统的组成结构

可变进气管有效长度谐波增压系统可根据发动机的转速，适时地改变进气管的有效长度。充分利用进气谐振效应，可提高充气效率，使发动机的高速与低速性能都能达到最优化。

4）控制电路

ACIS 的控制电路如图 5-7 所示。主继电器触点闭合后，通过端子 3 给真空电磁阀（VSV 阀）供电，ECU 通过端子 ACIS 控制 VSV 阀的搭铁回路。

特别提示：采用进气谐波增压控制系统的结构，对于增大发动机低速扭矩和提高高速时的输出功率是相当有效的。

资源 5-4　可变进气管有效长度谐波增压系统的工作示意图

资源 5-5　可变进气管的性能

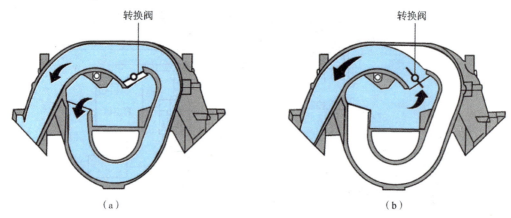

图 5-6 可变进气管有效长度谐波增压系统的工作示意图
（a）中低速时的进气路线；（b）高速时的进气路线

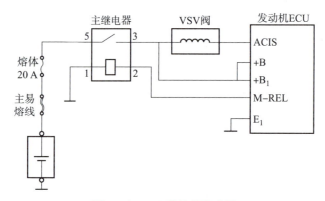

图 5-7 ACIS 的控制电路图

奥迪 A6 发动机故障灯报警

【案例概况】

一辆配置 2.4i APS 型发动机的奥迪 A6，行驶里程约 12 000 km。驾驶员反映，发动机故障灯亮。

【案例解析】

实车查验，确实存在发动机故障灯亮的现象，但是并无其他故障症状。

连接诊断仪，检查发动机故障码，含义为：进气管气流控制风门卡在关闭位置，静态。

由故障分析可知，与此故障现象相关原因有：真空管漏气、真空控制单元故障、转换阀故障、翻板故障。

起动发动机，让其在怠速下运转，用真空表测量真空值无异常，且未发现有漏气现象。然后用手按动真空控制单元，发现其有自由行程，说明其正常。因转换阀通过真空软管控制翻板和真空控制单元，在怠速时，其连接的软管应有吸力。所以拔下真空管，用手触摸感觉，发现并无吸力。这说明转换阀处于关闭位置，不正常。拆下转换阀，测量其电阻为67.4 Ω，标准值为30 Ω。说明转换阀确有故障。更换后试车，发动机故障灯熄灭，其他正常。

3．废气涡轮增压系统

1）增压系统的功用

一般来说，汽车发动机的排量和功率是成正比的，要提高发动机的输出功率，最直接的方法就是提高发动机的排量。但是在提高排量的同时，发动机制造的精密度、重量、能耗也随之增大，其缺点也是显而易见的。于是便出现了增压技术，它在不改变发动机排量的同时，增大了发动机的输出功率。

2）增压系统的类型

从广义上讲，凡是能够将发动机进气密度提高到高于周围环境空气密度的一切方法，都可以称之为增压技术。根据驱动增压器所用能量的来源不同，增压方法基本上可以分为以下几类：

（1）废气涡轮增压系统。废气涡轮增压系统的结构如图5-8所示，这种增压方式能有效地利用排气的能量进行增压，所以经济性比机械增压和自然吸气发动机好，并可大幅度地降低有害气体的排放和噪声水平，为当前主流的增压系统。但是由于涡轮机是流体机械装置，而发动机是动力机械装置，因此，增压发动机在低速运转时的转矩增加不多；在发动机工况发生变化时，瞬态响应特性较差，从而使得低速加速性较差。

资源5-6　废气涡轮增压控制系统的应用

（2）气波增压系统。气波增压器中有一特殊形状的气波增压器转子，由发动机曲轴带轮通过传动带驱动。在转子中发动机排出的废气直接与空气接触，利用排气压力波使空气受到压缩，以提高进气压力。其结构如图5-9所示。气波增压器结构简单、加工方便、工作温度不高、不需要耐热材料、无须冷却。与涡轮增压相比，其低速转矩特性好、加速性好、工况范围大；但其体积大、笨重和噪声大是最大的缺点，因此，不太适合安装在体积较小的轿车里面。

3）废气涡轮增压系统的工作原理

典型废气涡轮增压系统的工作原理如图5-10所示，废气涡轮增压系统利用发动机排出的废气作为动力，来推动涡轮增压器内的动力涡轮（位于排气通道内的废气涡轮），再带动同轴的增压涡轮（位于进气道内的进气叶轮）一起转动，对从空气滤清器进入的新鲜空气进行压缩后，然后再送入气缸。当发动机转速加快，废气排出速度与涡轮转速也同步加快，空气压缩程度就得以加大，发动机的进气量亦相应地得到增加，就可以增加发动机的输出功率。

资源5-7　废气涡轮增压系统的工作过程

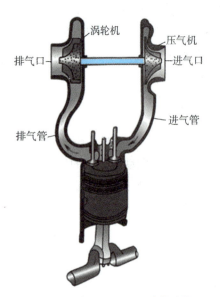

图 5-8 废气涡轮增压系统的结构

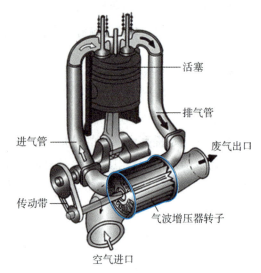

图 5-9 气波增压系统的结构

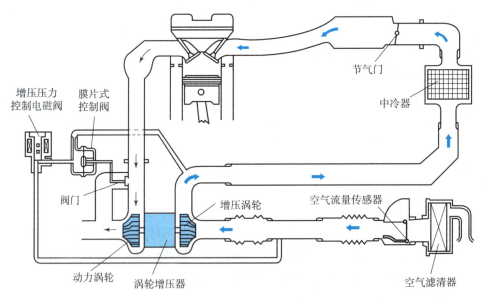

图 5-10 废气涡轮增压系统的工作原理

4）废气涡轮增压系统的主要部件

废气涡轮增压系统的主要部件有涡轮增压器、废气旁通阀、中冷器等。

（1）涡轮增压器。涡轮增压器是由涡轮机和压气机组成的机器。涡轮废气入口与排气歧管相连，废气出口接在排气管上；压气机进气口与空气滤清器管道相连，排气口接在进气歧管上；涡轮与叶轮分别装在涡轮机和压气机内，两者同轴。如图 5-11 所示。

项目五　发动机进气控制系统检修

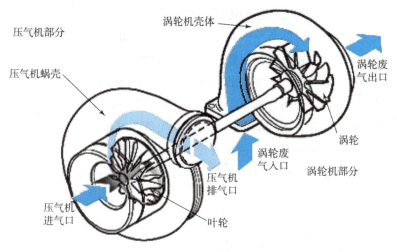

图 5-11　涡轮增压器

涡轮增压器包括涡轮机壳体、压气机壳体、中间体、涡轮、叶轮等，其结构如图 5-12 所示。涡轮和叶轮装配在同一根轴上，通过两个浮动轴承分别安装在涡轮机壳体和压气机壳体，中间体内有润滑和冷却轴承的通道，还有防止机油漏入压气机或涡轮机中的密封装置等。

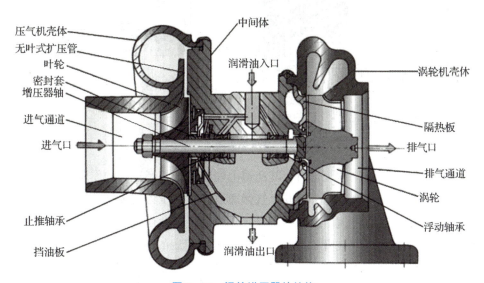

图 5-12　涡轮增压器的结构

涡轮、叶轮和密封套等零件安装在增压器轴上，构成涡轮增压器转子。转子以超过 100 000 r/min 的速度旋转，因此，转子的平衡至关重要。中间体（又称轴承壳）以一精心设计的轴承系统来支承压气机和涡轮。这一为高速运转而设计的轴承系统不能像曲轴的轴承那样承受重的载荷，而是必须精确地定位叶轮和涡轮的位置，使其尽可能靠近两端壳体的轮廓型线。这种定位的关键

资源 5-8　废气涡轮增压系统的结构

141

是向中间体油孔、轴承和轴之间的间隙注入润滑油。注入间隙里的润滑油对提高废气涡轮增压器的效率和延长使用寿命是极其重要的。增压器处在高温、高压和高速运转的工作状况下，工作要求又比较苛刻，因此，对制造的材料和加工技术都要求很高。其中制造难度最大的是支承涡轮轴运转的"浮动轴承"。轴承内外均与机体壁间有间隙，可形成双层油膜。浮动轴承浮于轴与轴承座之间，又称"全浮式轴承"。

（2）废气旁通阀。为防止发动机在高转速、大负荷时排气流量过大，造成增压器转速过大和增压过高，即压比过高，故设有废气旁通阀，其工作原理如图5-13所示。当排气量过大时，废气旁通阀打开，泄放掉一部分废气，降低涡轮增压器的转速，以控制涡轮的最高转速和压气机的压比。

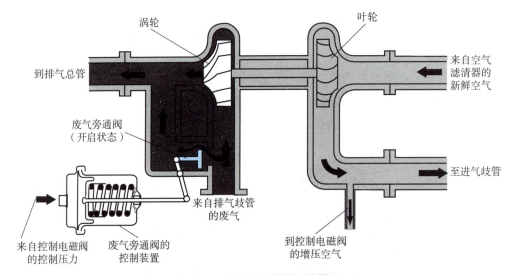

图5-13 废气旁通阀的工作原理

当废气不断进入涡轮增压器时，其通道上安装的废气旁通阀的作用是在进气压力过高，引起发动机热负荷过高时，打开废气旁通道，将高压力的废气从涡轮增压器旁边引走，降低涡轮增压器的转速，继而降低进气压力。废气旁通阀的控制装置（膜片式控制阀）有一空气管接到进气歧管（进气歧管内是被压缩后的高压空气），另有一管路经废气旁通控制电磁阀到增压器前方（此处为大气压）。废气旁通控制电磁阀受发动机ECU控制。

当发动机ECU检测到进气压力低于规定值时，ECU打开控制电磁阀，使废气旁通阀膜片室与增压器进气管前方的大气相通，废气旁通阀膜片室不能形成高压，膜片不动作，旁通道关闭，全部废气通过涡轮增压器，使进气得到最大程度的增压。

当发动机ECU检测到进气压力高于规定值时，ECU关闭控制电磁阀，使废气旁通阀膜片室与增压器进气管前方的大气切断，废气旁通阀膜片室形成高压，膜片动作，旁通道开启，部分废气通过旁通道直接排除，涡轮增压器转速逐渐下降，使进气增压减少。当进气压力减少到规定范围内时，ECU又打开控制电磁阀，使旁通道关闭，增压器重新工作，如此反复，从而提高了发动机的进气压力，使其动力性能得到了有效的改善。

ECU还能根据爆震传感器的信号决定废气旁通阀的工作状态。当发动机产生爆震时，ECU立即打开废气旁通阀放气，使增压压力降低，当爆震消失后，再逐渐关闭废气旁通阀，使之恢复到正常的增压压力。

（3）中冷器。空气经涡轮增压器增压后温度会急剧升高，高温度的空气会降低空气密度，同时使气缸过热，增加爆震倾向。为了克服这些不利影响，许多增压系统中采用了中冷器，中冷器在涡轮增压系统中的应用如图5-14所示。进气道内的增压空气利用其来冷却降温，使气体体积减小、密度增大、提升充气效率、减小爆震倾向。废气涡轮增压器内部因其部件温度和压缩作用而受热的增压空气，在中冷器内最多可降80 ℃。

资源5-9　废气涡轮增压控制原理

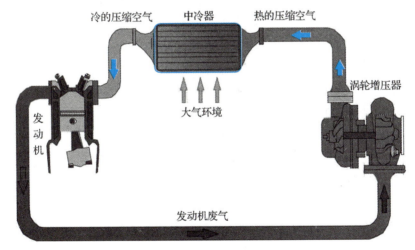

图5-14　中冷器在涡轮增压系统中的应用

中冷器一般由铝合金材料制成。按照冷却介质的不同，常见的中冷器可以分为风冷式和水冷式两种。风冷式中冷器与冷却液箱散热器装在一起，安装在发动机前方，依靠冷却风扇和汽车行驶的迎面风进行冷却，如图5-15所示。

水冷式中冷器如图5-16所示。采用水冷式中冷器可以减小安装空间，因此，可以直接安装在发动机上。此外由于安装位置靠近发动机，还有助于明显减少增压空气导管的长度。这样可以明显降低压力损失，从而改善输出功率和发动机的响应速度。

特别提示： 废气涡轮增压系统可以实现闭环控制，控制对象就是增压压力。

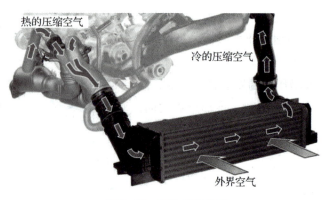

图 5-15 风冷式中冷器

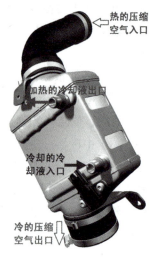

图 5-16 水冷式中冷器

奥迪 A6 发动机异响

【案例概况】

一辆配置 AWL 型 1.8T 发动机的奥迪 A6，行驶里程约 200 000 km。驾驶员投诉，在车辆行驶过程中发动机有异响。

【案例解析】

起动发动机，进行加速试验，确认异响来自涡轮增压器部位。拆下涡轮增压器进行检查，发现压气机叶轮受损，增压器轴折断。应为异物进入涡轮增压器，导致增压器损坏。

为查明受损原因，将空气滤清器拆下来进行检查，没有发现破损现象；检查进气歧管和涡轮增压器进气管，也没有找到异物。

检查涡轮增压器的安装状况，发现曲轴箱通风管与涡轮增压器的进气口相连。将曲轴箱通风管拆下来，发现管内存有大量的积炭，而且积炭已经硬化，触碰后能够脱落下来。由此分析出当发动机运转时，在进气负压的作用下，脱落的积炭被吸入涡轮增压器，坚硬的积炭撞击到高速旋转的涡轮上，将叶轮和轴打伤。

对发动机进行除炭处理，更换曲轴箱通风管和涡轮增压器，试车，故障消除。

在本例中，压气机叶轮和增压器轴受损都属于严重的机械故障。在进行维修时，应查明故障成因，然后进行维修，否则涡轮增压器很有可能再次受损，造成不必要的损失。

5.1.2 可变气门配气相位和气门升程控制

1. 丰田智能可变气门正时系统（VVT-i）

近年生产的丰田轿车，大都装配了智能可变气门正时系统（Variable Valve Timing-intelligence，VVT-i）的发动机，采用发动机 ECU 控制。该系统主要控制进气门凸轮轴气门正时，在进气门凸轮轴与传动链轮之间具有油压离合装置，让进气门凸轮轴与链轮之间传动的相位差可以在 40°的范围内改变。当发动机在不同的速度运转时，通过调整凸轮轴转角对气门正时进行优化，以提供最佳的气门开闭控制，使动力及燃烧效率最佳。

1）组成及结构

VVT-i 的结构组成如图 5-17 所示，由发动机 ECU、VVT-i 控制器、控制油压的凸轮轴正时机油控制阀和传感器组成。VVT-i 利用曲轴位置传感器和凸轮轴位置传感器来感知凸轮轴转动变化量，从而获知凸轮轴的转动方向及转动量。

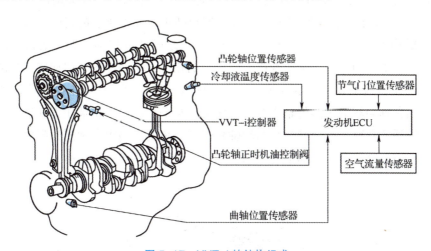

图 5-17　VVT-i 的结构组成

（1）VVT-i 控制器。叶片式 VVT-i 控制器由一正时链条驱动的外壳和固定在进气凸轮轴上的叶片及锁销组成，如图 5-18 所示。控制器有气门正时提前室和气门正时滞后室两个液压室，通过凸轮轴正时机油控制阀的控制，它可以在进气凸轮轴上的提前或滞后油路中传送机油压力，使叶片沿圆周方向旋转，连续调整改变气门正时，以获得最佳的配气相位。当发动机停止工作时，进气凸轮轴被调整到最大延迟状态以维持起动性能。在发动机起动后且油压并未立即传动到 VVT-i 控制器时，锁销便锁定 VVT-i 控制器的机械部分以防撞击产生噪声。

资源5-10　VVT-i 控制系统

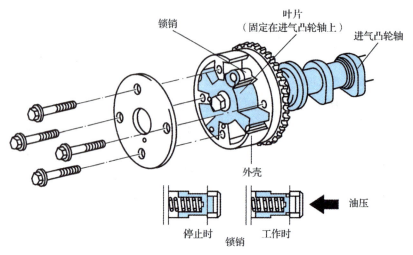

图 5-18　VVT-i 控制器（叶片式）

除了以上结构外，还有一种螺旋槽式 VVT-i 控制器，其活塞在外齿轮（相当于机壳）和内齿轮（直接附在凸轮轴上）连接的螺旋齿轮之间做轴向运动以改变齿轮轴状态，如图 5-19 所示。螺旋槽式 VVT-i 控制器包括正时皮带驱动的齿轮、与进气凸轮轴刚性连接的内齿轮，以及一位于内齿轮与外齿轮之间的可移动活塞，活塞表面有螺旋形花键，活塞沿轴向移动，会改变内、外齿轮的相位，从而产生气门配气相位的连续改变。当机油压力施加在活塞的左侧时，迫使活塞右移，由于活塞上的螺旋形花键的作用，进气凸轮轴会相对于凸轮轴正时皮带轮提前某个角度。当机油压力施加在活塞的右侧时，迫使活塞左移，就会使进气凸轮轴延迟某个角度。当得到理想的配气正时，凸轮轴正时机油控制阀就会关闭油道使活塞两侧压力平衡，活塞停止移动。

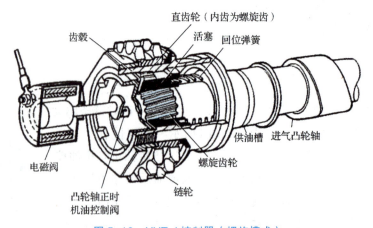

图 5-19　VVT-i 控制器（螺旋槽式）

（2）凸轮轴正时机油控制阀。凸轮轴正时机油控制阀由用来转换机油通道的滑阀、柱塞、复位弹簧和电磁线圈等组成，其结构如图 5-20 所示。它在发动机 ECU 控制下，改变或停止流向 VVT-i 控制器的机油。工作时,发动机 ECU 接收各传感器传来的信号,经过分析、计算后发出控制指令(占空比信号)给凸轮轴正时机油控制阀,凸轮轴正时机油控制阀以此控制滑阀的位置,从而控制机油液压,使 VVT-i 控制器处于提前、滞后或保持的位置。

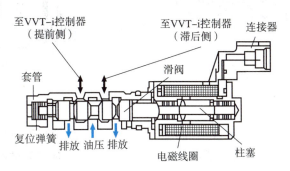

图 5-20　凸轮轴正时机油控制阀

2) VVT-i 控制原理

VVT-i 的控制原理如图 5-21 所示。发动机 ECU 根据发动机转速、进气量、节气门位置和冷却液温度计算出各种运行条件下的最佳气门正时,以便控制凸轮轴正时机油控制阀。此外,发动机 ECU 根据凸轮轴位置传感器和曲轴位置传感器检测的信号来计算实际气门正时值,进行反馈控制以达到目标气门正时值。

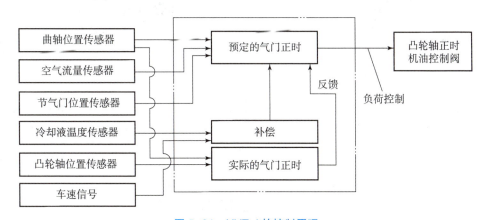

图 5-21　VVT-i 的控制原理

3) VVT-i 工作过程

凸轮轴正时机油控制阀是根据发动机 ECU 输出的电流,来选择流向 VVT-i 控制器的通道。VVT-i 控制器利用油压使进气凸轮轴旋转到提前、延迟的位置或保持气门正时的位置。

(1) VVT-i 提前工况。在发动机 ECU 的控制下,凸轮轴正时机油控制阀所处的位置如图 5-22 所示,总油压通过提前油路作用于气门正时提前侧的叶片室,使叶片与进气凸轮轴向气门正时的提前方向旋转,气门正时被提前。

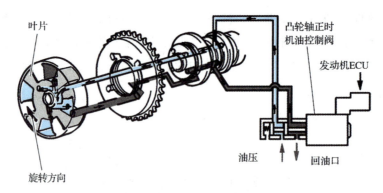

图 5-22　气门正时提前

（2）VVT-i 延迟工况。在发动机 ECU 的控制下，凸轮轴正时机油控制阀所处的位置如图 5-23 所示，总油压通过滞后油路作用于气门正时延迟侧的叶片室，使叶片与进气凸轮轴向气门正时的延迟方向旋转，气门正时被滞后。

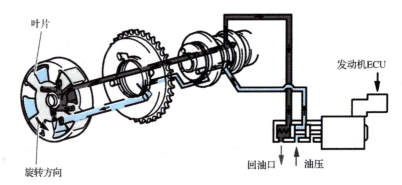

图 5-23　气门正时延迟

（3）VVT-i 保持工况。发动机 ECU 根据具体的运作参数进行处理，并计算出目标气门正时角度。当达到目标值后，凸轮轴正时机油控制阀通过关闭油道来保持油压，如图 5-24 中所示，此时是保持预定的气门正时状态。

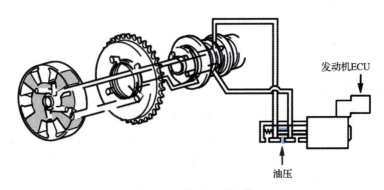

图 5-24　气门正时保持

特别提示：当发动机停止工作时，进气凸轮轴正时机油控制阀处于滞后状态，以确保起动性能。进气气门正时是在最大延迟角度上。

资源5-11　VVT-i系统的工作原理

丰田凯美瑞起动困难且怠速转速过高

【案例概况】

一辆配置1AZ-FE发动机的丰田凯美瑞，行驶里程约200 000 km，因润滑油路故障进厂大修后，出现以下故障现象：发动机起动后容易熄火，只有踩住加速踏板不放开才能着车。但是怠速转速维持在1 500 r/min 左右不降，发动机振动明显；加速工况则基本正常。

【案例解析】

使用诊断仪测试，读取故障码存储器，显示存在当前码"P1349，VVT系统故障（气缸组1）"。查看发动机怠速时的工作数据流，空气流量为5.83 kg/h，冷却液温度为85 ℃，发动机转速为1 430 r/min，节气门开度为14%，点火提前角为37°。

以上数据中最异常的是点火提前角过大，这应该是起动困难且怠速转速偏高的直接原因。结合故障码进行分析，说明VVT系统工作不良。也就是说，如果VVT系统在怠速工况下就执行了点火提前控制，就有可能出现这种故障症状。

检查配气相位，正时正确，VVT-i控制器的安装状况也没有异常。但是检查发现凸轮轴正时机油控制阀被拆卸且分解过。进一步检查发现，该阀内的复位弹簧和滑阀安装顺序不对，同时滑阀被装反。重新按照正确顺序装配、复原、试车，故障症状消失。查看发动机怠速时的工作数据流，空气流量为3.80 kg/h，冷却液温度为85 ℃，发动机转速为680 r/min，节气门开度为14%，点火提前角为13°。至此，故障排除。

在本例中，凸轮轴正时机油控制阀内部的复位弹簧和滑阀安装顺序不对，造成弹簧的回位作用失效；滑阀装反之后，只要发动机一起动，VVT-i控制器的提前侧机油通道就处于打开的状态，进气凸轮轴的提前量过大，导致发动机难以起动。而当发动机运转之后，由于进气提前角过大，造成进气过多，点火提前角过大，发动机便出现怠速转速过高且振动较大的现象。

2. 本田可变气门正时及升程电子控制系统（VTEC）

1989年由日本本田汽车公司推出的可变气门正时及升程电子控制系统（Variable Valve Timing and Valve Lift Electronic Control System，VTEC），是世界上第一个能同时控制气门开闭时间及升程两种不同情况的气门控制系统。与普通发动机相比，VTEC发动机是凸轮与摇臂的数目及控制方法与之不同。它有中低速用和高速用两组不同的气门驱动凸轮,由发动机 ECU 控制。ECU 接收发动机各传感器(包括转速、进气压力、车速、冷却液温度等)的数据、参数并进行处理,决定何时输出相应的控制信号,通过电磁阀调节摇臂活塞液压系统,从而使发动机在不同的转速工况下由不同的凸轮控制,以改变进气门的开度和时间,提高发动机的燃烧效率,令发动机在低速时具有较大转矩,而高速时又能输出较大功率,从而大大地改善汽车的动力性和经济性。

1)组成及结构

VTEC 主要由凸轮轴、主摇臂、副摇臂、中间摇臂、正时活塞、正时板、同步活塞 A、同步活塞 B 等组成,其结构如图 5-25 所示。

(1)摇臂的构造。同一气缸的两进气门有主、次之分,即主进气门和次进气门。每个进气门通过单独的摇臂驱动,驱动主进气门的摇臂称为主摇臂,驱动次进气门的摇臂称为副摇臂。在主、副摇臂之间装有一中间摇臂,中间摇臂不与任何气门直接接触,3 个摇臂并列在一起组成进气摇臂组,绕同一根摇臂轴转动。为使各摇臂容易连接和分开,特别加装了正时板。气门摇臂组的构造如图 5-26 所示。

资源 5-12　VTEC 的组件和工作过程

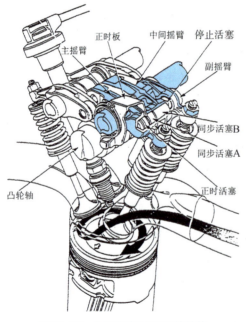

图 5-25　本田汽车 VTEC 的结构

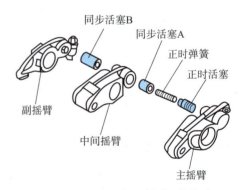

图 5-26　VTEC 气门摇臂组的构造

(2)凸轮轴构造。在凸轮轴上,相应有 3 个不同升程的凸轮分别驱动主摇臂、中间摇臂和副摇臂,凸轮轴上的凸轮也相应分别为主凸轮、中间凸轮、副凸轮,其构造如图 5-27 所示。在凸轮型线设计上,中间凸轮是按发动机高转速、大负荷工作时最佳输出功率的状态要求设计的,其驱动气门的升程最大。主凸轮的升程小于中间凸轮,它是按发动机低速工作时的最佳状态要求设计的。副凸轮的升程最小，最高处只是稍高于基圆，其作用是在低速时，驱动次进气门稍微开启，以避免喷油器喷出的燃油积聚在进气门口外部不能进入气缸。

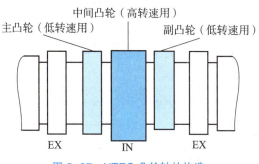

图 5-27　VTEC 凸轮轴的构造

（3）控制系统的组成。VTEC 的控制系统主要由发动机 ECU、VTEC 电磁阀总成和压力开关等组成，如图 5-28 所示。

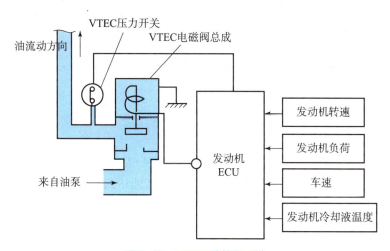

图 5-28　VTEC 的控制系统

2）工作过程

工作时，ECU 接收来自各传感器（包括转速、负荷、车速、水温）的数据、参数并进行处理，由其决定对配气机构是否实行 VTEC 控制，即控制 VTEC 电磁阀的打开或关闭，进而控制液压执行阀和气门机构的动作。另外，VTEC 电磁阀开启后，VTEC 压力开关负责检测系统是否正处于工作状态，并反馈一个信号给 ECU 以监控系统工作。当发动机转速达到 2 300～3 200 r/min（依进气歧管压力而定）或进入中等负荷以上（由进气压力传感器判断）、车速达到 10 km/h 或更快、发动机冷却液温度高于 10 ℃时，系统才实施 VTEC 控制。

（1）低速状态。发动机在低转速时，VTEC 电磁阀没有打开，机油流回油底壳，在弹簧力的作用下处于初始位置。装在主摇臂上的正时板也在弹簧作用下挡住正时活塞向右运动。此时，主摇臂、中间摇臂和副摇臂是彼此分离、独立动作的，主凸轮与副凸轮分别驱动主摇臂和副摇臂，以控制气门的开闭，如图 5-29 所示。由于副凸轮的升程很小，因而，进气门只稍微打开。虽然此时中间摇臂已被中间凸轮驱动，但由于中间摇臂与主摇臂、副摇臂是彼此分离的，故不影响气门的正常开闭。也就是说，在低速状态时，VTEC 不工作，气门的开闭情况与普通顶置凸轮轴式配气机构相同。

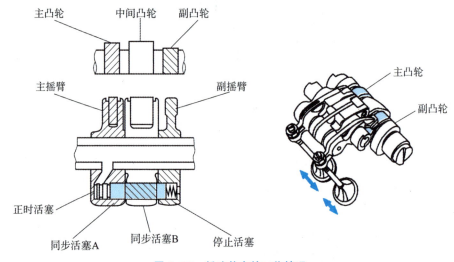

图 5-29　低速状态的工作情况

（2）高速状态。当发动机高速运转时，由于离心力和惯性力的作用，正时板克服正时弹簧的力而取消对正时活塞的锁止。当发动机转速达到特定转速时，电磁阀接收到 ECU 的信号而接通油路，一部分机油流到液压控制活塞的顶部，活塞向下运动而关闭回油道，使机油经活塞中部的孔沿摇臂轴流到各气门摇臂的液压腔，流入正时活塞的左侧，使同步活塞移动，将主摇臂、副摇臂和中间摇臂锁成一体，一起动作，如图 5-30 所示。此时，由于中间凸轮比副凸轮高，所以由它来驱动整个摇臂，并且使气门开启时间延长，开启的升程增大，从而达到改变气门正时和气门升程的目的。当发动机转速降低至设定值时，摇臂中同步活塞端的油压也将由 ECU 控制而降低，同步活塞将复位弹簧推回原位，3 根摇臂又彼此分离独立工作。

特别提示：本田的 i-VTEC 就是在 VTEC 的基础上，增加一与 VVT-i 原理、功能相同的 VTC（可变正时控制系统）。

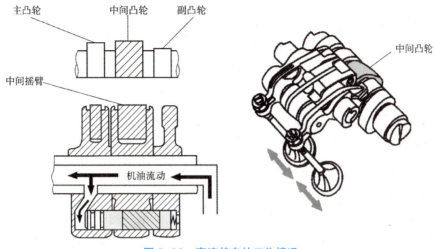

图 5-30 高速状态的工作情况

应用案例 5-4

本田雅阁发动机故障灯常亮

【案例概况】

一辆配置 F22B1 发动机的本田雅阁,行驶里程约 100 000 km,出现以下故障现象:起动发动机后,仪表板的发动机故障灯(CHECK ENGINE)一直点亮。

【案例解析】

在杂物箱后部找到 2 针诊断座,短接两个端子,打开点火开关,发动机故障灯闪烁,读取故障码为 22,含义为 VTEC 压力开关线路不良。

VTEC 压力开关位于 VTEC 电磁阀的下方,发动机控制模块根据 VTEC 压力开关信号对 VTEC 电磁阀进行监测。测得 VTEC 电磁阀的阻值为 22 Ω,在标准值范围内。检查 VTEC 压力开关的线路,供电和接地线路良好;拆下 VTEC 的压力开关,发现很脏。清洗后,测量其阻值为 0,说明元件本身是良好的。检查发动机润滑油,发现很脏。更换机油和机油滤清器后,复原 VTEC 压力开关和电磁阀,拔掉发动机系统的熔丝,清除故障码。试车,故障排除。

当 VTEC 电磁阀作用时,VTEC 压力开关应断开;若 VTEC 电磁阀不打开(油压不起作用),则 VTEC 压力开关的阻值为 0。在本例中,由于机油粘连 VTEC 压力开关,使其闭合后仍处于断开状态,发动机控制模块判断 VTEC 压力开关工作不良,于是设定故障码 22。

5.2 项目实施

5.2.1 进气谐波增压系统的检修

通过本项目的实施，同学们应能够在实车上识别进气谐波增压系统的主要部件，并能采用合理有效的方法进行部件拆装和检查、测量，从而判断各部件性能好坏。同时进一步熟悉各部件的功用和进气谐波增压系统的基本工作原理。

1．项目实施准备

丰田皇冠车型（2JZ-GE 发动机）1 辆，或者 ACIS 电磁阀、真空驱动器、真空罐各 1 套；举升机一台；丰田专用工具 1 套，通用工具 1~2 套；发动机舱防护罩 1 套；车内"三件套"（座椅套、转向盘套、脚垫）1 套；学生必须着工装、穿工鞋。

2．项目实施步骤及要点

（1）打开车门，铺好"三件套"，拉动发动机舱盖手柄。
（2）打开发动机舱盖，铺好发动机舱防护罩，拆下发动机护板。

特别提示：让学生养成维修保养之前必须先要铺好"三件套"及发动机舱防护罩的好习惯。

（3）拆下电磁阀，检查电磁阀的线圈阻值，并完成电磁阀的功能测试。

特别提示：必须关闭点火开头后，方可进行拆件测量。

首先，检查电磁阀线圈。如图 5-31 所示，用万用表测量电磁阀两端子间的电阻值，在常温（20 ℃）下标准值是 38.5~44.5 Ω。若不符合标准值范围，应予以更换。

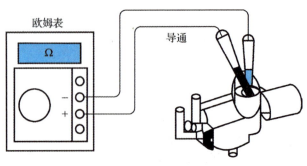

图 5-31　电磁阀线圈检查

其次，进行电磁阀的绝缘检查。检查电磁阀的接线端和阀体之间是否连通。如果连通，则应更换。

最后，检查电磁阀的功能。如图 5-32（a）所示，电磁阀未通电时，空气应能从通道 E 进入，然后从空气滤清器中排出。如图 5-32（b）所示，当在电磁阀的两端子上施加蓄电池电压时，空气应能从通道 E 进入，然后从 F 口排出。否则应予以更换。

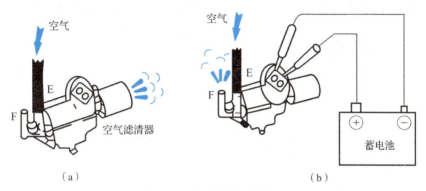

图 5-32 电磁阀的功能检查
（a）未通电时；（b）通电时

（4）拆下真空驱动器，使用专用工具完成真空泵的功能测试。如图 5-33 所示。
当施加 53.3 kPa（44 mmHg）的真空度时，检查真空泵的阀杆有无移动。
当真空施加 1 min 后，泄放真空，观察阀杆是否回位。
如果进行上述操作后，发现阀杆不动或不回位，则应先旋转其调整螺钉来调节，如仍无反应则予以更换。

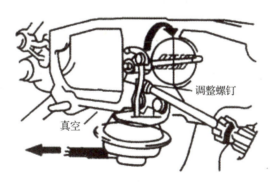

图 5-33 真空泵的检修

（5）依序拔出真空罐软管，检查真空罐的状态。
如图 5-34 所示，当由 A 向 B 吹入空气时应当畅通，而由 B 向 A 吹气时应不通（内有单向阀）。用手指按住 B 口，抽 53.3 kPa 的真空时，在 1 min 内，真空度应无变化。如不符合上述要求，应更换真空罐。

（6）按照相反的顺序将车辆复位，并检查复位状况是否良好。观察车辆仪表显示，必要时进行系统诊断，排除故障并删除故障码。

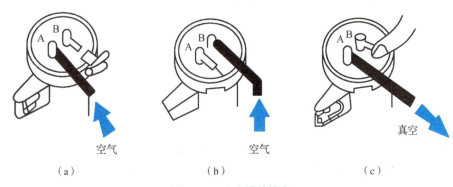

图 5-34 真空罐的检查
（a）导通；（b）截止；（c）施加真空

3．项目实施要求

（1）能找出电磁阀、真空驱动器、真空泵、真空罐。

（2）能正确拆装以上部件。

（3）能采用合理的方法测量部件，并依据测量结果，判断部件的状况。

（4）实习完成后进行卫生扫除，对实习现场进行全面的检查。

5.2.2　废气涡轮增压系统的检修

通过本项目的实施，同学们应能够在实车上识别废气涡轮增压系统的主要部件，并能采用合理有效的方法进行部件拆装、检查和测量，从而判断其性能好坏。同时进一步熟悉各元器件的功用和废气涡轮增压系统的基本工作原理。

1．项目实施准备

一汽大众奥迪 A6 1.8T 轿车 1 辆；举升机 1 台；专用工具及诊断仪器各 1 套，通用工具 1~2 套；发动机舱防护罩 1 套；车内"三件套"（座椅套、转向盘套、脚垫）1 套；学生必须着工装、穿工鞋。

2．项目实施步骤及要点

1）防护准备工作

（1）打开车门，铺好"三件套"，拉动发动机舱盖手柄。

（2）打开发动机舱盖，铺好发动机舱防护罩，拆下发动机护板。连接诊断计算机。

特别提示：让学生养成维修保养之前必须先要铺好"三件套"及发动机舱防护罩的好习惯。

2）车辆运行数据测量

（1）起动发动机，观察发动机怠速运转状况及时间，并读取发动机进气量和进气压力的数据流。

特别提示：起动发动机前，应将变速箱挡位置于"P"或"N"，拉紧驻车制动器。

（2）检查不同转速时的机油压力。急速时：压力不小于 2.0 bar；转速为 2 000 r/min 时：压力为 3.0~4.5 bar；转速超过 2 000 r/min 时：压力最大为 7.0 bar。

（3）检查机油液位。

3）废气涡轮增压系统部件检查

特别提示：做涡轮增压器检查时不能起动发动机，且必须要等到发动机冷下来后才能开始检查。

（1）检查压气机叶片是否被异物打坏，检查叶轮是否损坏，如图 5-35 和图 5-36 所示。

图 5-35　所有叶片被坚硬物体损坏

图 5-36　叶轮被较软物体损坏

特别提示：无须将涡轮增压器拆下。取下空气滤清器壳体，拆下进气管与涡轮增压器连接处即可看到压气机叶轮。

（2）检查蜗壳是否刮擦，叶轮是否卡滞。如图 5-37 和图 5-38 所示，用手转动叶轮，观察有无发卡或擦壳的现象。观察叶轮与增压器壳体是否有明显的摩擦痕迹。如叶轮卡死且没有与外壳干涉，则说明增压器轴已经卡死。

图 5-37　蜗壳刮擦受损

图 5-38　叶轮卡滞受损

特别提示：在不装进气管和不连接空气滤清器的情况下使涡轮增压器运转，有可能造成人员伤害。外来物体进入涡轮增压器内可能会造成机组损坏。

（3）检查空气滤清器。检查空气滤清器壳体及滤芯是否清洁，壳体内不能存有异物；滤芯不允许用压缩空气清洁，根据使用情况及时更换滤芯。如图5-39所示。

（4）检查增压器的所有进气管路是否节流，包括：空气滤清器壳体之前的进气管路；空气滤清器壳体到涡轮增压器进气端的管路；中冷器入口之前的管路；中冷器到节气门体之间的管路（如果内部有存油应清理干净）。

（5）检查涡轮增压器润滑油回油管路（见图5-40）是否受阻。涡轮增压器润滑油回油管路是否变形、连接是否松动。

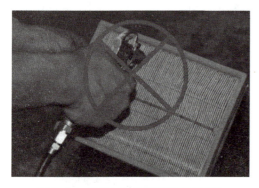
图5-39　滤芯不允许用压缩空气清洁

图5-40　涡轮增压器润滑油回油管路

4）废气涡轮增压系统电气部件检查

（1）检查增压压力。将涡轮增压器检测仪 V. A. G1397/A 的带测量软管的T形件接到进气歧管前，如图5-41所示。

特别提示： 注意发动机盖罩及侧窗处的测量软管不可挤压。

打开涡轮增压器检测仪，将量程开关置于位置Ⅰ（绝对压力）。将测量软管接到接头Ⅰ上。

特别提示： 检查条件应满足：进、排气管无泄漏；发动机温度不低于60℃；全负荷下测量增压压力。

油门全开时测量增压压力。从2 000 r/min以第3挡加速至油门全开。在3 000 r/min时，按下检测仪存储器<M>键。规定值为1.600～1.700 bar（绝对压力）。

如压力不在规定范围内，则应检查增压压力控制电磁阀。

（2）检测增压压力控制电磁阀。首先，进行增压压力控制电磁阀的基本检查操作。从增压压力控制电磁阀上拆下软管。接上辅助软管，如图5-42所示。起动执行元件诊断，并触发增

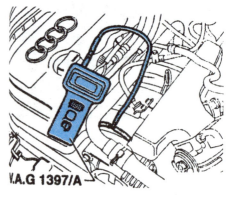
图5-41　连接检测仪

压压力控制电磁阀。增压压力控制电磁阀应"咔嗒"响,且应打开并关闭(可通过向辅助软管内吹气来检查)。如果增压压力控制电磁阀没有"咔嗒"响,则检查增压压力控制电磁阀的内阻。如电磁阀有"咔嗒"声但不能正常地打开和关闭,则更换增压压力控制电磁阀。

特别提示:当没有电信号时,电磁阀常闭。

接着,进行增压压力控制电磁阀的电阻测量。拔下电磁阀的供电插头,用万用表测量其电阻值应该是 $25\sim35\ \Omega$,如图5-43所示。如果没有达到规范值,则应更换增压压力控制电磁阀。

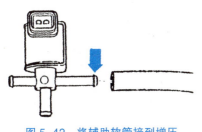

图5-42 将辅助软管接到增压
压力控制电磁阀上

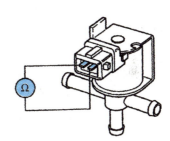

图5-43 测量增压压力控制
电磁阀的电阻

特别提示:应在增压压力控制电磁阀保险丝正常和燃油泵继电器正常的前提下进行以下检测。

如果增压压力控制电磁阀的电阻值正常,则应进行增压压力控制电磁阀的供电检测。使发动机短时工作(允许发动机短时起动),用万用表(电压测量挡)测量端子1、2处的电压应该是蓄电池电压。

特别提示:测量时,应握紧万用表两支表笔,注意不要让表笔触碰在一起。

如果电压值未达到规范值,则检测增压压力控制电磁阀的触发情况。拔下电磁阀的供电插头并把二极管检测灯串接在线束侧端子1和2之间。起动执行元件诊断并触发增压压力控制电磁阀,二极管检测灯应闪亮。如果二极管检测灯不闪亮或常亮,则检测线束的插接。如果导线正常,则更换发动机ECU。

(3)检查增压压力传感器。增压压力传感器及导线由发动机ECU监控。查询发动机ECU故障码,如果显示增压压力传感器有故障,首先应检查增压压力传感器的供电电压。拔下增压压力传感器插头,如图5-44所示,将万用表电压挡接到插头触点1和3之间,接通点火开关,其电压值应约为5 V。如果没有达到规定值,检测增压压力传感器与发动机ECU之间线束是否互短、是否存在断路、是否对地/正极短路。如需要,排除导线断路或短路。

特别提示:使用万用表电阻挡判断线束是否短路时,其值应小于 $1.5\ \Omega$。

如果达到规定值,则检查增压压力传感器的信号线。插上传感器的插头,起动发动机,使之怠速运转,检查增压压力传感器触点 1 和 4 之间的电压是否为 1.80～2.00 V;使发动机急加速,其电压值范围应为 2.00～3.00 V。如果未达到规定值,则检查增压压力传感器插头触点 4 的导线是否断路或对地/正极是否短路。如需要,排除导线断路或短路。如果导线正常,则更换增压压力传感器。

(4)测量涡轮增压器空气再循环阀的内阻。拔下涡轮增压器空气再循环阀的插头。如图 5-45 所示,将万用表电阻挡接到涡轮增压器空气再循环阀上,所测电阻值应为 27～30 Ω。如果未达到规定值,则更换空气再循环阀。

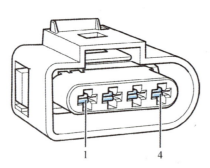

图 5-44 拔下增压压力传感器插头

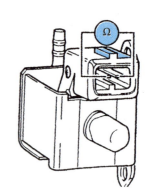

图 5-45 测量涡轮增压器空气再循环阀的内阻

5)复位工作

按照相反的顺序将车辆复位,并检查复位状况是否良好。观察车辆仪表显示,必要时进行系统诊断,排除故障并删除故障码。

3. 项目实施要求

(1)能找出废气涡轮增压系统的相关组件。

(2)能正确拆装以上部件。

(3)能采用合理的方法测量部件,并依据测量结果,判断部件状况。

(4)实习完成后进行卫生扫除,对实习现场进行全面的检查。

5.2.3 可变气门正时及升程电子控制系统(VTEC)的检修

通过本项目的实施,同学们应能够在实车上识别本田 VTEC 的主要部件,并能采用合理有效的方法进行部件拆装、检查和测量,从而判断其部件性能好坏。同时进一步熟悉各元器件的功用和本田 VTEC 的基本工作原理。

1. 项目实施准备

广汽本田雅阁 2.3L(F23A3 发动机)1 辆;举升机 1 台;专用工具 1 套;通用工具 1～2 套;发动机舱防护罩 1 套;车内"三件套"(座椅套、转向盘套、脚垫)1 套;学生必须着工装、穿工鞋。

2．项目实施步骤及要点

VTEC引起的故障常常表现为：怠速不稳、中高速功率不足、发动机加速不良。当VTEC出现故障时，一般发动机故障灯就会点亮，显示故障代码。

1）防护准备工作

（1）打开车门，铺好"三件套"，拉动发动机舱盖手柄。

（2）打开发动机舱盖，铺好发动机舱防护罩，拆下发动机护板。连接诊断计算机。

特别提示：让学生养成维修保养之前必须先要铺好"三件套"及发动机舱防护罩的好习惯。

2）检测VTEC电磁阀及其电路

（1）拆开VTEC电磁阀插头，检查1号端子与2号端子之间的电阻值，正常值为14~30Ω。否则说明VTEC电磁阀损坏，应更换。

（2）检查VTEC电磁阀插头端子1与ECU连接器相应端子之间的电阻，以及电磁阀插头端子2与搭铁之间的电阻，判断电路是否有断路故障。若导通，则接上VTEC电磁阀插头，检查VTEC电磁阀插头端子1与搭铁之间的电阻，判断电路是否有短路，如图5-46所示。

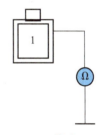

图5-46 检查VTEC电磁阀线路是否短路

（3）卸下VTEC电磁阀总成的3个紧固螺栓，从气缸盖上拆下VTEC电磁阀总成。检查VTEC电磁阀滤清器是否堵塞，如图5-47所示。如果有堵塞，则应更换滤清器和发动机润滑油。

特别提示：电磁阀的密封垫/O形环，一经拆下，必须更换新件。

（4）检查VTEC电磁阀柱塞的活动情况，如图5-48所示，卸下VTEC电磁阀的3个螺栓后，拆开VTEC电磁阀，用手指检查阀的运动是否自如，若有卡滞现象，则应更换电磁阀。

3）检测VTEC压力开关

由于VTEC的运动是由压力油推动进行的，所以应检查VTEC压力开关及机油压力。

（1）关闭点火开关，从压力开关上拆下连接器，测量压力开关两接线端子之间的电阻。在发动机熄火时，压力开关应导通。否则，说明线路断路。

（2）起动发动机，将压力开关的两接线端子分别接蓄电池正、负极，发动机转速在小于3 000 r/min时，压力开关应打开（两接线端子之间的电压为0）；当发动机转速大于3 000 r/min时，压力开关应关闭（两接线端子之间的电压为B+）。

（3）测量连接器棕/黑线与搭铁之间应导通，蓝/黑线与ECU端子之间应该导通，如图5-49所示。

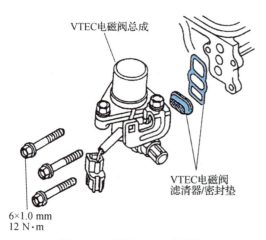

图 5-47 检查 VTEC 电磁阀
滤清器是否堵塞

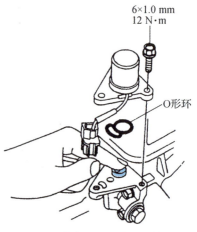

图 5-48 检查 VTEC 电磁阀柱塞的
活动情况

4）检查 VTEC 电磁阀的机油压力

接上 VTEC 电磁阀插头。卸下电磁阀侧油压孔的 M10 螺栓，将专用的接头和压力表连接到电磁阀上，如图 5-50 所示。起动发动机，并使发动机运转至正常的工作温度（冷却风扇转动）。发动机转速在 1 000、2 000、4 000 r/min 时，正常机油压力应在 50 kPa 以上。

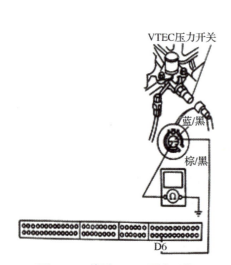

图 5-49 检测 VTEC 压力开关

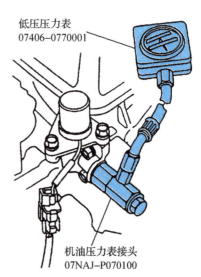

图 5-50 检查 VTEC 电磁阀的
机油压力

特别提示：尽量缩短测量时间，发动机无负荷运转不要超过 1 min。

5）检查 VTEC 电磁阀的机油压力（加蓄电池电压）

关闭点火开关，再次断开 VTEC 电磁阀插头。将蓄电池正极连接绿/白插头端子，负极接地，如图 5-51 所示。起动发动机，并检查发动机转速在 3 000 r/min 时的机油压力，正常油压应高于 250 kPa。

6）手动检查 VTEC 系统的摇臂机构

一般有两种检查方法：手动检查及专用工具检查。

（1）在气门间隙及配气正时正确的情况下，拆开气门室盖，摇转曲轴，带动凸轮轴转动，观察进气门摇臂是否都能正常运动。

（2）逐缸在凸轮的基圆上（该缸活塞处于上止点 TDC 位置），用手指按动中间摇臂，中间摇臂应能单独灵活运动，如图 5-52 所示。否则说明此机构有故障。

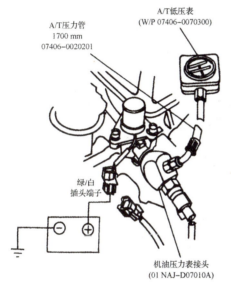

图 5-51 检查 VTEC 电磁阀的机油压力
（加蓄电池电压）

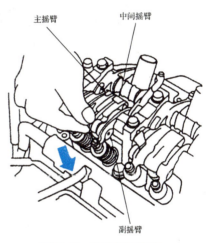

图 5-52 检查摇臂机构

（3）将中间摇臂、主摇臂和副摇臂作为整体拆下，检查中间摇臂和主摇臂内的活塞，活塞应能平滑地移动。否则应视情况修理或更换。

3．项目实施要求

（1）能找出 VTEC 系统的相关组件。

（2）能正确拆装以上部件。

（3）能采用合理的方法测量部件，并依据测量结果，判断部件状况。

（4）实习完成后进行卫生扫除，对实习现场进行全面的检查。

5.3 知识与能力拓展——宝马电子气门控制系统

2001年起,宝马N系列发动机开始采用VALVETRONIC系统。顾名思义,VALVETRONIC就是直接通过电子控制进气门的升程来控制进气量,从而实现通过气门机构控制发动机负荷,降低进气阻力,提高发动机效率。

VALVETRONIC全可变气门升程控制装置安装在进气凸轮轴一侧。该机构是在传统的气门机构上,增加伺服电动机、蜗轮蜗杆传动部分、偏心轴、中间推杆、扭转弹簧等,其结构如图5-53所示。

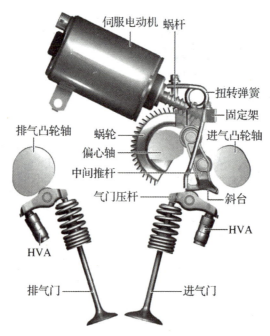

图5-53 全可变进气门升程控制装置的结构

发动机工作时,ECU根据油门踏板位置、发动机转速、凸轮轴位置、冷却液温度等信号,以15.6 kHz频率的信号控制伺服电动机动作。再经由偏心轴、凸轮轴、中间推杆、气门压杆改变进气门开启的深度,即进气门升程。驾驶员油门踩得大,进气门便开得深;油门踩得小,进气门便开得浅。这样的话,发动机的进气完全由无级可变进气门升程控制。

发动机工作时,将节气门保持在接近全开的位置,从而几乎没有节气门对进气的阻碍,新鲜空气进入则更为顺畅,使得燃烧更加充分,废气排放更少。这种进气门升程功能可以控制吸入发动机的空气量,将功率损失保持在极低的水平。

伺服电动机安装在凸轮轴上方的气缸盖内，用于调节偏心轴。电动机的蜗杆轴嵌入安装在偏心轴上的蜗轮内。

偏心轴调节进气侧的气门升程，中间推杆改变凸轮轴与气门压杆之间的传动比。偏心轴扭转可使固定架上的中间推杆朝进气凸轮轴方向移动。但由于中间推杆也靠在进气凸轮轴上，因此，气门压杆相对于中间推杆的位置会发生变化。中间推杆的斜台朝伺服电动机方向移动。

凸轮轴旋转和凸轮向中间推杆移动使中间推杆上的斜台发挥作用。斜台推动气门压杆，从而使进气门继续向下运行。进气门因此继续开启。

VALVETRONIC 系统的另一个重要优点，是驾驶员踩踏油门时，发动机产生反应的时间加快。传统发动机以油门控制节气门的方式，油门踩下节气门打开，还要等待空气流入填满进气歧管之后，才会大量进入发动机气缸，产生所需要的动力。而VALVETRONIC 发动机油门踩下时可直接控制加大进气门开启深度，使大量空气立刻涌入发动机气缸，产生所需要的动力。进气门在伺服电动机的驱动下，其升程可以在 0.18～9.9 mm 范围内进行连续变化，相差逾 50 倍，如图 5-54 所示。然而从最浅变化到最深，电子气门整体控制系统所需要的反应时间大约只要 0.3 s。

资源5-13　电子气门升程动画

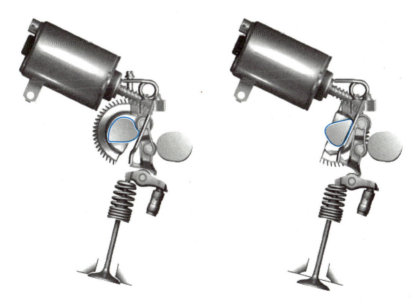

图 5-54　气门最小升程位置和气门最大升程位置

本项目小结

（1）进气控制系统包括动力阀控制系统、进气谐波增压系统、废气涡轮增压系统等。

（2）进气谐波增压系统利用进气流的惯性产生的压力波来提高充气效率，丰田皇冠车型2JZ-GE发动机采用了波长可变的进气谐波增压系统，该发动机进气管的长度虽然不能变化，但在其他结构不变的基础上增加了大容量空气室和电控真空阀等，从而实现了压力波传播有效长度的改变。同时，兼顾了低速和高速的进气增压效果。

（3）废气涡轮增压系统利用发动机排出的高温、高压废气的热能和动能，驱使涡轮增压器中的动力涡轮做高速运转，带动同轴的增压涡轮一起转动。增压涡轮转动时，对从空气滤清器进入的新鲜空气进行压缩并将之送入气缸。由此，可以吸入大量的空气，提高进气效率，从而达到提高发动机输出功率的目的。

（4）丰田公司的VVT-i智能可变气门正时系统和本田公司的VTEC可变气门正时及升程电子控制系统可以有效提高发动机的充气效率，改善发动机的燃烧效率，能大幅度地提高发动机的性能。

（5）VVT-i智能可变气门正时系统是一种控制进气凸轮轴气门正时的机构，主要由传感器、发动机ECU和执行机构组成。在进气凸轮轴与链轮之间具有油压离合器装置，让进气凸轮轴与链轮之间转动的相位差在40°范围内可以改变，通过调整凸轮轴转角对气门正时进行优化，从而提高发动机在所有转速范围内的动力性、燃油经济性，降低了尾气的排放。

（6）与普通发动机相比，VTEC发动机所不同的是凸轮和摇臂的数目和控制方法，它有中低速和高速用两组不同的气门驱动凸轮，由发动机ECU根据各传感器的输入信号，通过电磁阀调节摇臂活塞液压系统。同时改变进气门的正时与升程，提高发动机的燃烧效率和大负荷、高转速时的功率性能，使发动机在低速时具有较大转矩，而在高速时又能输出较大功率，大大地改善了汽车的动力性和经济性。VTEC的控制系统主要由ECU、VTEC电磁阀总成和VTEC压力开关等组成。

（7）通过VALVETRONIC系统可减小换气中产生的损失。VALVETRONIC系统在很大程度上执行节气门的功能。全可变进气门升程控制可通过气门机构内的附加部件实现，主要是伺服电动机、偏心轴、固定架、中间推杆和扭转弹簧等。

练习与思考

一、单选题

1. 下列措施，除（   ）以外都可用来提高发动机的充气系数。
   A. 增加进气终了的压力　　　　　　　　B. 增大进气的温度

C. 改善配气相位　　　　　　　　D. 采用增压技术
2. 动力阀控制系统在进气量较少的低速、小负荷功能工况下，使进气道空气流通截面积（　　）。
　　A. 减小　　　　B. 增大　　　　C. 不变
3. 电控发动机采用动力阀控制系统的主要目的是（　　）。
　　A. 提高发动机转速　　　　　　　B. 提高动力性能
　　C. 提高机油压力　　　　　　　　D. 降低排气温度
4. 进气谐波增压控制系统通过改变（　　）达到进气增压效果。
　　A. 进气通道截面积　　　　　　　B. 压力波传播路线长度
　　C. 废气流动路线　　　　　　　　D. 进气管长度
5. 可变气门正时及升程电子控制系统的英文缩写为（　　）。
　　A. VTEC　　　B. VVT　　　C. VVT-i　　　D. CVVT
6. VVT-i 控制器由一个正时链条驱动的外壳和固定在（　　）上的叶片及锁销组成。
　　A. 曲轴　　　　B. 凸轮轴　　　　C. 偏心轴
7. VTEC 中，气门开启升程是由（　　）决定的。
　　A. 主凸轮　　　B. 中间凸轮　　　C. 副凸轮　　　D. 摇臂轴
8. 发动机 VTEC 同一缸内有（　　）个进气门。
　　A. 2　　　　B. 3　　　　C. 4　　　　D. 5
9. 涡轮增压的轴承形式为（　　）。
　　A. 全浮式润滑轴承　　　　　　　B. 半浮式润滑轴承
　　C. 滚珠式轴承
10. 废气旁通阀打开时（　　）。
　　A. 增压压力降低　　　　　　　　B. 增压压力升高
　　C. 增压压力不变

二、多选题

1. 涡轮增压的冷却方式为（　　）。
　　A. 风冷　　　　B. 水冷　　　　C. 机油冷却
2. 中冷器的作用是（　　）。
　　A. 降低进气温度　　　　　　　　B. 提高进气效率
　　C. 防止爆震
3. VVT-i 的作用有（　　）。
　　A. 提高发动机动力性　　　　　　B. 降低燃油消耗
　　C. 改善尾气排放

4. VTEC 的进气摇臂组包括（　　）等组件。

   A. 主摇臂　　　　　　　　　　　　B. 副摇臂

   C. 中间摇臂

5. VTEC 的控制系统主要由发动机 ECU、（　　）等组成。

   A. VTEC 电磁阀总成　　　　　　　B. 凸轮轴正时机油控制阀

   C. 压力开关

三、简答题

1. 简述动力阀控制系统的控制目的。
2. 简述进气谐波增压控制系统的控制原理。
3. 简述 VVT-i 的控制过程。
4. 简述 VTEC 的基本原理。

四、案例题

一辆 2009 款的奥迪 A6L 1.8T 轿车，行驶里程约 80 000 km。客户投诉：该车高速行驶中有时加速无力，最高车速只能达到 120 km/h。

进厂检查，使用诊断仪对发动机系统进行自诊断，没有故障码。查看数据流，空气流量、喷油量、点火电压及失火等信号均无异常。检查点火线圈和火花塞，也无异常。检查进气管路，没有泄漏问题；三元催化转换器和排气管没有堵塞现象。连接燃油压力表，测量燃油压力也在标准范围内。

读取涡轮增压器的数据流，发现在高速行驶中数据块 115 组的增压值最高仅为 97 kPa。

根据如上信息，试分析哪种原因导致增压压力不足。另外，请分析带废气涡轮增压器的车辆在日常使用中有哪些注意事项。

汽油机排放控制系统检修

学习目标

（1）了解汽车污染物的成分及来源。
（2）掌握三元催化转化器的作用、结构和工作原理。
（3）掌握废气再循环排放控制系统的组成、控制原理和检修方法。
（4）掌握燃油蒸发排放控制系统的组成、控制原理和检修方法。
（5）知晓二次空气喷射系统的组成、工作原理和检修方法。

学习要求

能力目标	知识要点	权重
能熟知汽车污染物形成的原因	汽车排放污染物的来源、成分	5%
能说明三元催化转化器的工作原理，具备系统检修的能力	三元催化转化器的作用、组成、结构和工作原理	30%
能检查废气再循环系统，并掌握其零部件的检修	废气再循环的作用、工作原理、控制方法	40%
掌握燃油蒸发排放控制系统的检修方法，并实现具体操作	燃油蒸发系统的作用、组成、结构和工作原理	15%
能实现二次空气供给系统的工作检查，具备检修电磁阀的能力	二次空气供给系统的作用、组成、结构和工作原理	10%

引 例

一辆行驶了 30 000 km 的 Polo1.6L 轿车，行驶过程中发动机电子稳定系统（EPC）报警灯点亮，有时加不上油，冷车尤为明显，排气气味难闻，送修至大众4S店售后服务部，经过检测发现 EGR 阀因积炭堵塞，你能找到此阀吗？

6.1 相关知识

6.1.1 三元催化转化器与空燃比反馈控制系统

1. 三元催化转化器的功用

三元催化转化器（TWC）安装在排气管前中部，其功能是利用含有铂（Pt）、钯（Pd）、铑（Rh）等贵金属的催化剂，在300～900 ℃的温度下，将发动机排出废气中的 NO_x、HC、CO 这些有害气体转化为无害气体，从而实现对废气的净化，其化学反应过程如图6-1所示。

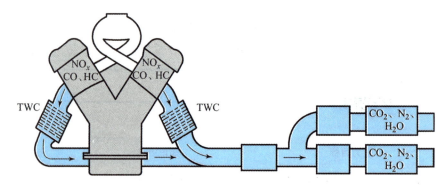

图6-1 三元催化转化器的化学反应过程

2. 三元催化转化器的结构和原理

三元催化转化器一般由金属外壳、隔热减振衬垫、催化剂载体和催化剂组成，其结构如图6-2所示。载体一般由陶瓷（也有金属的）制造而成，可分为颗粒形和蜂巢形，三元催化转化剂（铂或钯和铑的混合物）就涂附在很薄的孔壁上。颗粒形载体将催化剂沉积在颗粒状氧化铝载体表面，蜂巢形载体将催化剂沉积在蜂巢状氧化铝载体表面。作为催化剂载体的氧化铝都有形状复杂的表面，以增大催化剂与废气的实际接触面积。废气通过时，三元催化转化器利用铂（或钯）作催化剂使尾气中的 CO、HC 氧化，同时又利用铑作催化剂使尾气中的 NO_x 还原，生成 CO_2、H_2O 和 N_2 等无害气体。

资源6-1 三元催化转化器的化学反应

三元催化转化器一般为整体不可拆卸式，丰田雷克萨斯LS400轿车三元催化转化器装置的安装位置如图6-3所示，该车型装用V形发动机，左右排气管上各装一个三元催化转化器。

项目六 汽油机排放控制系统检修

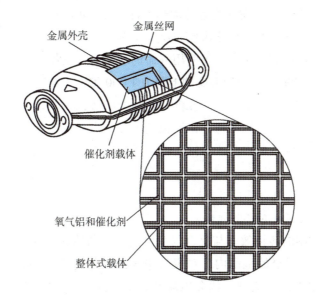

图 6-2 三元催化转化器的结构

资源 6-2 三元催化转化器

资源 6-3 三元催化转化器的结构和工作原理

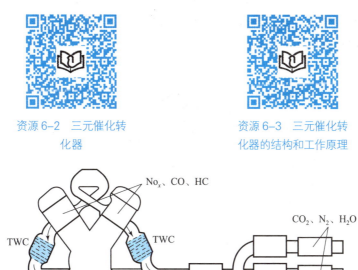

图 6-3 雷克萨斯 LS400 轿车三元催化转化器装置的安装位置

3．影响三元催化转化器转换效率的因素

三元催化转化器将有害气体转变成无害气体的效率受诸多因素的影响，其中影响最大的是混合气的浓度和排气温度。

催化剂的表面活性作用是利用排气本身的热量激发的，其使用温度范围以活化开始温度为下限，以过热引起催化转换器故障的极限温度为上限。一般排气中有害成分开始转化的温度需超过 250 ℃，发动机起动预热 5 min 后，才能达到此下限温度。一旦活化开始，催化床便因反应放热而自动地保持高温。保持催化转化器高净化率、高使用寿命的理想运行条件的使用温度约为 400~800 ℃，使用温度的上限为 1 000 ℃。当发动机的排气温度达到 815 ℃以上时，三元催化转化器的转化效率将明显下降。为此有些发动机装有排气温度报警装置，当报警装置发出报警信号时，应停机熄火，查明排气温度过高的原因，予以排除。

资源6-4 奔驰车系三元催化转化器的安装位置

特别提示： 在使用中，排气温度过高一般是由于发动机长时间在大负荷工况下工作或因故障而导致燃油燃烧不完全所致。

三元催化转化器的转换效率与混合气浓度的关系曲线如图 6-4 所示，只有在理论空燃比 14.7：1 附近很窄的范围内，对废气中 3 种有害气体（CO、HC、NO$_x$）的转换效率均比较高。超出这个范围，就会出现 CO 和 HC 排放正常，而 NO$_x$ 排放大幅度上升，或者 NO$_x$ 排放正常，而 CO 和 HC 排放大幅度上升的情况。为将实际空燃比精确控制在标准的理论空燃比附近，在装用三元催化转化器的汽车上，一般都装有用来检测废气中氧浓度的氧传感器，氧传感器把信号输送给 ECU 后，用来对空燃比进行反馈控制，即电控燃油喷射系统的闭环控制。

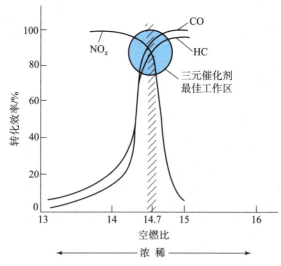

图 6-4 三元催化转化器的转化效率与混合气浓度的关系曲线

电控燃油喷射系统的闭环控制原理如图 6-5 所示。在开环电控燃油喷射系统中，ECU 只是根据转速信号、进气量信号、冷却液温度信号等确定喷油量，以控制空燃比，但并不对实际控制的空燃比是否精确进行检测。在闭环电控燃油喷射系统中，氧传感器安装在三元催化转化器（TWG）与发动机之间的排气管上，将检测到的废气的氧浓度信号输送给ECU，ECU根据此信号对喷油器的喷油量进行修正，使实际的空燃比更接近理论空燃比。

在装有氧传感器的电控燃油喷射发动机上，电控燃油喷射系统并不是在所有工况下都进行闭环控制，在发动机起动工况、怠速工况、暖机工况、加速工况、全负荷工况及减速断油工况等时，发动机不可能以理论空燃比工作，故仍采用开环控制方式。此外，氧传感器温度在400 ℃以下、氧传感器或其电路发生故障时，也只能采用开环控制。电控燃油喷射系统进行开环控制还是进行闭环控制，由ECU根据相关输入信号确定。

资源6-5　闭环控制系统

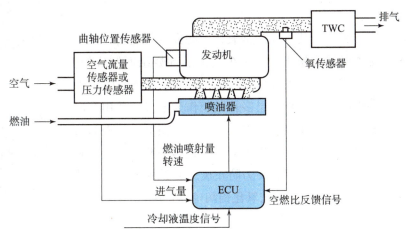

图6-5　电控燃油喷射系统的闭环控制原理

另外，三元催化转化器也经常由于排气中的铅化物、炭烟、焦油等导致损坏。硫、铅、磷、锌等元素极易吸附在催化器上，催化剂对之非常敏感，易"慢性中毒"，从而使其活性降低。

特别提示：为了提高催化转化器的使用寿命，应使用无铅汽油和对磷有严格控制的专用电喷发动机机油。

4．氧传感器

氧传感器安装在发动机排气管上，如图6-6所示。其作用是通过监测排气中氧离子的含量来获得混合气的空燃比信号，并将该信号转变为电信号输入ECU。ECU根据氧传感器信号，对喷油时间进行修正，实现空燃比反馈控制（闭环控制），从而将空燃比控制在理论值14.7∶1附近，使发动机得到最佳浓度的混合气，从而降低有害气体的排放并节约燃油。

氧传感器可分为氧化锆式传感器和氧化钛式传感器两种类型，其中应用最多的是氧化锆式氧传感器。

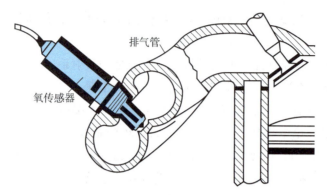

图 6-6　氧传感器的安装位置

1）氧化锆式氧传感器

氧化锆式氧传感器的基本元件是氧化锆陶瓷管，它是由二氧化锆（ZrO_2）固体电解质粉末中添加少量添加剂烧结而制成的，亦称锆管，如图 6-7 所示。锆管固定在带有安装螺纹的固定保护套管中，内外表面均覆盖着一层多孔铂膜作为电极，并用金属线与传感器信号输出端子连接，其内表面与大气接触，外表面与排气管中废气接触。氧传感器的接线端有一金属护套，其上开有一小孔，使锆管内腔与大气相通。为防止废气对铂膜的腐蚀，锆管外表面的铂膜上覆盖有一层多孔氧化铝陶瓷保护层。

资源 6-6　前氧传感器和后氧传感器

资源 6-7　氧传感器的安装位置

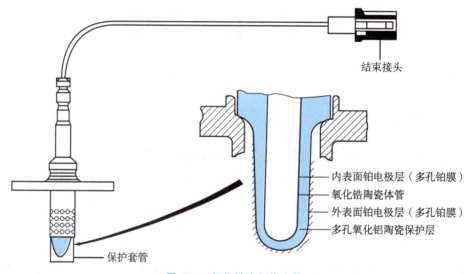

图 6-7　氧化锆式氧传感器

二氧化锆在温度超过 300 ℃后，才能正常工作。早期使用的氧传感器靠排气加热，这种传感器必须在发动机起动运转数分钟后才能开始工作，它只有一根接线与 ECU 相连［见图 6-8（a）］。现在，大部分汽车使用带加热器的氧传感器［见图 6-8（b）］，这种传感器内有一电加热元件，可在发动机起动后的 20～30 s 内迅速将氧传感器加热至工作温度，它有 3 根接线与 ECU 相接，其电路如图 6-9 所示。

资源 6-8　氧化锆式氧传感器

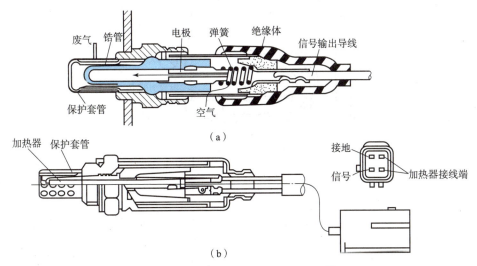

图 6-8　两种不同的氧化锆式氧传感器
（a）不带加热器；（b）带加热器

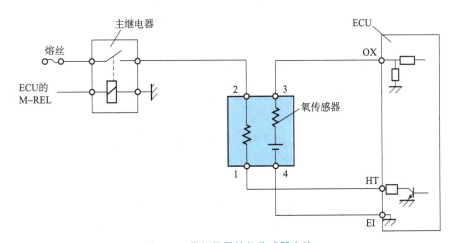

图 6-9　带加热器的氧传感器电路

锆管的陶瓷体是多孔的，空气中的氧离子在二氧化锆固体电解质中容易通过，当这些电解质的表面与内部之间的氧气浓度不同（即存在浓度差）时，氧气浓度高处的氧离子就会向浓度低的一侧扩散，以求达到平衡状态。当固体电解质表面设置集中用多孔电极之后，在其两个表面之间就可得到电动势 E。因为锆管内侧与氧离子浓度高的大气相通，外侧与氧离子浓度低的排气相通，且锆管外侧的氧离子随可燃混合气浓度变化而变化，所以当氧离子在锆管中扩散时，锆管内、外表面之间的电位差将随可燃混合气浓度变化而变化，即锆管相当于一氧浓度差电池，传感器的信号源相当于一可变电源，其工作原理如图 6-10 所示。

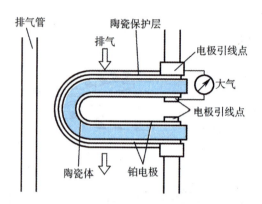

图 6-10　氧传感器的工作原理

当供给发动机的可燃混合气较浓时（空燃比小于 14.7），排气中氧离子含量较少、CO 浓度较大。在催化剂铂的催化作用下，氧离子几乎都与 CO 发生氧化反应生成 CO_2 气体，使外表面上氧离子浓度为 0。由于锆管内表面与大气相通，氧离子浓度很大，因此，锆管内、外表面之间的氧离子浓度差较大，两铂电极之间的电位差较高（约 0.9 V）。

资源 6-9　氧传感器的工作原理

当供给发动机的可燃混合气较稀时（空燃比大于 14.7），排气中氧离子含量较多、CO 浓度较小，即使 CO 全部都与氧离子产生化学反应，锆管外表面上还会有多余的氧离子存在。因此，锆管内、外表面之间氧离子的浓度差较小，两铂电极之间的电位差较低（约为 0.1 V）。

当空燃比接近于理论空燃比 14.7 时，排气中的氧离子和 CO 含量都很少。在催化剂铂的作用下，氧离子与 CO 的化学反应从缺氧状态（CO 过剩、氧离子浓度为 0）急剧变化为富氧状态（CO 为 0、氧离子过剩）。由于氧离子浓度差急剧变化，因此，铂电极之间的电位差急剧变化，使传感器输出电压从 0.9 V 急剧变化到 0.1 V。

氧传感器输出特性如图 6-11 所示，当可燃混合气变浓时，如果没有催化剂铂的催化作用，使氧离子浓度急剧减小到 0，而在混合气由浓变稀时，固体电解质两侧氧离子的浓度差将连续变化，传感器的电动势将不会出现跃变现象，这也正是氧化锆式氧传感器必须定期更换的原因。

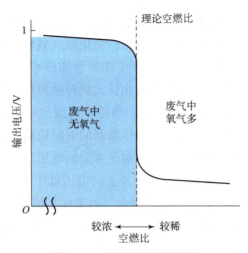

图 6-11 氧传感器输出特性

要准确地保持混合气浓度为理论空燃比是不可能的。实际上，反馈控制只能使混合气在理论空燃比附近一狭小的范围内波动，故氧传感器的输出电压在 0.1～0.9 V 之间不断变化（通常每 10 s 内变化 8 次以上）。

特别提示：如果氧传感器输出电压变化过缓（每 10 s 少于 8 次）或电压保持不变（不论保持在高电压或低电压），都表明氧传感器有故障，需检修。

资源 6-10　氧传感器的电压信号波形

2）氧化钛式氧传感器

纯二氧化钛（TiO_2）在常温下是一种高电阻的半导体，但表面一旦缺氧，其品质便出现缺陷，电阻随之减小。氧化钛式氧传感器就是利用二氧化钛材料的电阻值随排气中氧含量的变化而变化的特性制成的，故又称电阻型氧传感器。氧化钛式氧传感器的外形和氧化锆式氧传感器相似，其结构如图 6-12 所示，主要由二氧化钛元件、导线、金属外壳和接线端子等组成。当发动机排出废气中的氧含量较高时，二氧化钛的电阻值增大；反之，发动机排出废气中的氧含量较低时，二氧化钛的电阻值减小，利用适当的电路对电阻值的变量进行处理，即可转换成电压信号输送给 ECU，用来确定实际的空燃比。

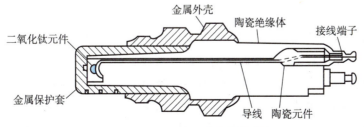

图 6-12　氧化钛式氧传感器的结构

由于二氧化钛的电阻值也随温度不同而变化，因此，在氧化钛式氧传感器内部也有一个电加热器，以保持氧化钛式氧传感器在发动机工作过程中的温度恒定不变。其工作原理如图 6-13 所示，ECU 端子 2 将恒定的 1 V 电压加在氧化钛式氧传感器的一端上，传感器的另一端与 ECU 端子 4 相接。当排出的废气中氧浓度随发动机混合气浓度变化而变化时，氧传感器的电阻值随之改变，ECU 端子 4 上的电压也随着变化。当端子 4 上的电压高于参考电压时，ECU 判定混合气过浓；当端子 4 上的电压低于参考电压时，ECU 判定混合气过稀。通过 ECU 的反馈控制，可保持混合气的浓度在理论空燃比附近。在实际的反馈控制过程中，氧化钛式氧传感器与 ECU 连接的端子 4 上的电压也是在 0.1～0.9 V 之间不断变化，这一点与氧化锆式氧传感器是相似的。

资源 6-11　氧化钛式氧传感器

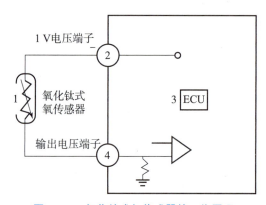

图 6-13　氧化钛式氧传感器的工作原理

5．三元催化转化器的使用

铂、钯、铑等贵金属易"中毒"，对其威胁最大的是这 3 种元素：铅、硫、磷。一油箱的含铅汽油就足以使三元催化转化器报废，而硫和磷可使三元催化转化器因"慢性中毒"而失效。铅主要存在于汽油中，是为了增加汽油的抗爆性而人为添加进去的，所以对其控制比较容易。必须使用 93 号以上高品质的无铅汽油，这是保证三元催化转化器正常工作的首要条件。硫是石油中的伴生物，我国的石油含硫一般比较低，而进口原油的含硫量则很高。磷主要存在于发动机油中，必须使用对磷有严格控制的专用电喷机油。

三元催化转化器大多与排气管制成一体，其内部由陶瓷体和一些贵重金属催化剂组成。当车辆在路况较差的路面行驶时，极易造成底盘刮碰，导致陶瓷体碎裂。破碎的陶瓷体随废气进入消声器中，轻者产生异响，严重时会堵塞消声器，导致发动机动力下降，甚至不能起动。因此，应尽量选择良好的路况行驶，避免底盘的刮碰。

造成三元催化转化器堵塞的原因有：使用的汽油质量不好，含有过多的胶质或杂物，极易造成三元催化转化器堵塞；发动机工作不良（如运转不稳、烧机油、燃烧不良等），产生的不完全燃烧物堵塞三元催化转化器等。因此，应选用优质汽油并保持发动机良好的工作状态。

正确调校发动机，防止点火错乱、个别缸断火或点火能量不足。如果点火系统工作不良，混合气不能完全燃烧，很容易导致发动机过热，使三元催化转化器失效。

发动机怠速运转的时间不能过长，一般要求不超过 15 min。因为在怠速工况下，发动机往往形成不完全燃烧，废气中含有大量的有害成分，会增加三元催化转化器的负担。

资源 6-12 三元催化器的免拆清洗保养

应用案例 6-1

奥迪轿车氧传感器故障案例

【案例概况】

一辆德国原装奥迪轿车（发动机排量为 2.8 L，带空气流量传感器和双氧传感器），冷机起动比较容易，但无法加速，只能怠速运转；发动机暖机后，加速尚可，但有时出现熄火现象；刚起步时进行加速，反应较慢（加速踏板踩下后，需过 1~2 s 后才有反应）。

【案例解析】

首先，检查发动机电动控制系统有无故障码。经过一段时间路试后检查发现，故障指示灯显示完全正常，但上述故障现象确实存在。据了解，该车长期使用 90 号汽油，且燃油系统很长时间没有进行维护，故怀疑上述现象是因油路故障引起的。为此，把喷油器、节气门体、怠速通道、油管和油箱都拆下清洗，且更换了火花塞，再进行路试，故障依然存在。进一步分析，可能是燃油泵工作时过热，引起短时间不工作所致。换上另一辆运行正常的同型号车的燃油泵后进行路试，故障依旧。

接着又对该车的各个工况做了进一步检查，发现冷车时除了以上故障现象外还有一特殊的现象，就是当发动机空载加速到 2 000 r/min 时，转速突然下降。据此，判断故障是因氧传感器不良而引起的。

奥迪 2.8L 发动机控制系统为闭环控制系统，发动机 ECU 主要根据冷却液温度传感器信号、空气流量传感器信号、节气门位置传感器信号和氧传感器信号来控制喷油持续时间，以满足发动机冷机加浓和加速加浓等对供油量的要求。作为氧传感器，在发动机工作中主要检测的是尾气中的含氧量，ECU 据此判断混合气是浓还是稀，然后发出指令，不断调整喷油持续时间，以实现最佳燃烧过程。由于该车长期使用 90 号汽油，与要求的 93 号以上汽油有一定的差别，故易引起氧传感器"中毒"，使氧传感器表面产生一层"保护膜"，从而不能正确反映尾气中的含氧量，它仅以一基本固定的信号电压输给发动机 ECU。这样，在实际使用中，当混合气过稀需加浓时，ECU 并没有得到混合气过稀的信号，也就不能输出加浓混合气（延长喷油持续时间）的指令，从而出现上述故障现象。

6.1.2 废气再循环控制系统

1．废气再循环（EGR）控制系统的功用

EGR 控制系统的功用是将 6%～15% 的废气引入进气管中，以降低气缸内的最高燃烧温度，减少 NO_x 的生成量，并对废气的进气时间进行控制。

2．废气再循环（EGR）控制系统的原理

1）开环控制 EGR 系统

开环控制 EGR 系统（日产公爵 3.0E 轿车上使用）主要由 EGR 阀和 EGR 电磁阀等组成，如图 6-14 所示。EGR 阀安装在废气再循环通道中，用以控制废气再循环量。

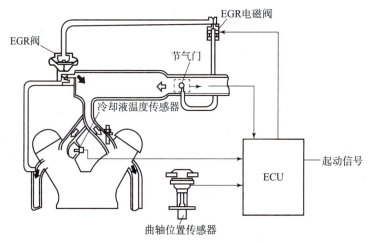

图 6-14　开环控制 EGR 系统

EGR 电磁阀安装在通向 EGR 阀的真空通道中，ECU 根据发动机冷却液温度、节气门开度、转速和起动等信号来控制电磁阀的通电或断电。当 ECU 不给 EGR 电磁阀通电时，控制 EGR 阀的真空通道接通，EGR 阀开启，进行废气再循环；当 ECU 给 EGR 电磁阀通电时，控制 EGR 阀的真空通道被切断，EGR 阀关闭，停止废气再循环。

资源 6-13　废气再循环系统

发动机工作时，ECU 给 EGR 电磁阀通电，停止废气再循环的工况有：起动工况（有起动开关信号）、急速工况（有节气门位置传感器急速触点闭合信号）、暖机工况（有冷却液温度信号）、转速低于 900 r/min 或高于 3 200 r/min（有转速信号）。在除上述以外的其他工况，ECU 均不给电磁阀通电，都进行废气再循环。

废气再循环量取决于 EGR 阀的开度，而 EGR 阀的开度直接由真空度控制。由于真空管口设在靠近节气门全闭位置的上方，随发动机转速和负荷（节气门开度）的增大，真空管口处的真空度增加，EGR 阀的开度增大；随发动机转速和负荷减小，EGR 阀开度也减小。当发动机工作，进行废气再循环时，废气再循环量的多少可用废气再循环率（EGR 率）来表示，EGR 率是指废气再循环量在进入气缸内的气体中所占的比率，即

资源 6-14　废气再循环系统的原理

$$EGR 率 = [EGR 量 /（进气量 + EGR 量）] \times 100\%$$

在有些发动机的 EGR 控制系统中，EGR 电磁阀采用占空比控制型电磁阀，ECU 通过占空比控制电磁阀的开度，调节作用在 EGR 阀上的真空度，控制 EGR 阀的开度，以实现对废气再循环量的控制。在此系统中，通向 EGR 阀的真空管口一般设在节气门之后。

在不采用 ECU 控制的 EGR 系统中，通向 EGR 阀的真空管路一般由 2 个控制阀共同控制。一个是双金属开关阀，根据冷却液温度控制真空通道的通断；另一个是膜片式真空控制阀，根据负荷变化（进气管真空度和排气压力的变化）控制真空通道通断。当冷却液温度和负荷达到一定值，进行废气再循环时，与采用普通电磁阀控制的 EGR 系统一样，EGR 阀的开度直接由真空度控制，即废气再循环量取决于真空管口处的真空度。

在开环控制 EGR 系统中，ECU 根据各传感器信号确定发动机工况，并按其内存的 EGR 率与转速、负荷的对应关系进行控制，而对其控制的结果不能进行检测。

2）闭环控制 EGR 系统

闭环控制 EGR 系统由 EGR 阀、EGR 阀开度传感器、EGR 电磁阀、恒压阀、真空管路和废气通道等组成。

在闭环控制 EGR 系统中，检测实际的 EGR 率或 EGR 阀开度作为反馈控制信号，其控制精度更高。用 EGR 阀开度作为反馈信号的闭环控制 EGR 系统如图 6-15 所示。

与采用占空比控制型电磁阀的开环控制 EGR 系统相比，闭环控制 EGR 系统只是在 EGR 阀上增设了一 EGR 阀开度传感器。当闭环控制 EGR 系统工作时，ECU 可根据 EGR 阀开度传感器的反馈信号修正电磁阀的开度，使 EGR 率保持在最佳值。

EGR 阀开度传感器为电位计式，其工作原理与电位计式节气门位置传感器类似。EGR 阀开度传感器与 ECU 之间有 3 条连接线路，分别为电源线、搭铁线和信号线，ECU 通过电源线给传感器提供 5 V 的标准电压，传感器将 EGR 阀开度变化转换为电信号经信号线输送给 ECU。

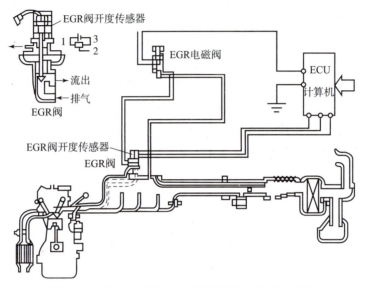

图 6-15　用 EGR 阀开度反馈的闭环控制 EGR 系统

用 EGR 率作为反馈信号的闭环控制 EGR 系统中，ECU 根据 EGR 率传感器信号对 EGR 阀实行反馈控制，其控制原理如图 6-16 所示。EGR 率传感器安装在进气总管中的稳压箱上，新鲜空气经节气门进入稳压箱，参与再循环的废气经 EGR 阀进入稳压箱，传感器检测稳压箱内气体中的氧浓度（氧浓度随 EGR 率的增加而降低），并转换成电信号输送给 ECU，ECU 根据此反馈信号修正 EGR 阀的开度，使 EGR 率保持在最佳值。

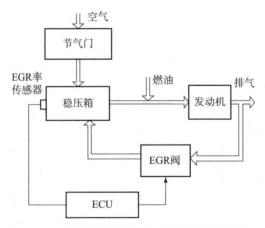

图 6-16　用 EGR 率反馈的闭环控制 EGR 系统

应用案例 6-2

宝来轿车 EGR 阀故障案例

【案例概况】

一辆宝来 1.8L 轿车，怠速不稳，废气排放有刺鼻气味。

【案例解析】

首先，用 VAS5051 诊断有故障码：17852，废气再循环 EGR 位置传感器 G212 故障。怠速时读取节气门开度为 2.1% 左右，正常，读取其他数据流都在正常范围内，拆下节气门处的连接管，用耐热的铁片加紧后起动试车，怠速变稳定，说明 EGR 调节阀卡死，废气进入太多。

分析可能是 EGR 阀卡滞，发动机只要着车就一直处于废气再循环状态，废气进入进气道。怠速工况下，废气再循环过多，冲淡了进入发动机气缸的新鲜空气，从而影响了混合气配比，引起怠速抖动，使废气再循环电位计给 ECU 提供了一个错误反馈工作信号，因此，EGR 阀脏污后，会出现此故障码。

拆下 EGR 阀用清洗剂清洗干净，通过吹气确认 EGR 阀可完全关闭，装复完成后故障消失。

资源 6-15 废气再循环故障现象及检修

6.1.3 燃油蒸发排放控制系统

1. 燃油蒸发排放（EVAP）控制系统的功用

燃油蒸发排放控制系统的功能是收集燃油箱内蒸发的汽油蒸气，并将汽油蒸气导入气缸参加燃烧，从而防止汽油蒸气直接排入大气而造成燃料的浪费与环境的污染。同时，它还可以根据发动机工况，控制导入气缸参加燃烧的汽油蒸气量，使发动机处于最佳的运行状态。

资源 6-16 EVAP 系统组成示意图

2. 燃油蒸发排放（EVAP）控制系统的组成和工作原理

早期的 EVAP 控制系统多是利用真空进行控制，现在基本上都是采用 ECU 进行控制。常见的比较简单的电子式 EVAP 控制系统如图 6-17 所示。它主要由燃油箱、油气分离阀、活性炭罐、电磁阀和 ECU 组成。活性炭罐与油箱之间设有排气管和单向阀，当燃油箱内的燃油蒸气超过一定压力时，顶开单向阀经排气管进入活性炭罐，活性炭罐内的活性炭将燃油蒸气吸附在炭罐内。发动机工作时，活性炭罐内的燃油蒸气经定量排放孔、吸气管被吸

资源 6-17 燃油蒸发控制系统

入进气管。活性炭罐的上端设有一真空控制阀,真空控制阀为膜片阀,膜片上方为真空室,真空控制阀用来控制定量排放孔的开或闭。真空控制阀与进气管之间的真空管路中设有受 ECU 控制的电磁阀,用以调节真空控制阀上方真空室的真空度,改变真空控制阀的开度,从而控制吸入进气管的燃油蒸气量。为防止活性炭罐内的燃油蒸气被吸入进气管后使混合气变浓,活性炭罐下方设有进气滤芯并与大气相通,使部分清洁空气与活性炭罐内的燃油蒸气一起被吸入进气管。

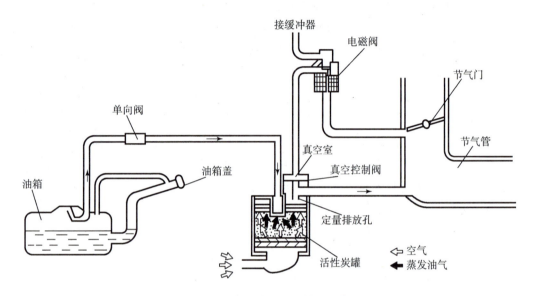

图 6-17 电子式 EVAP 控制系统

常见的电控 EVAP 控制系统在整车上的典型布置如图 6-18 所示。

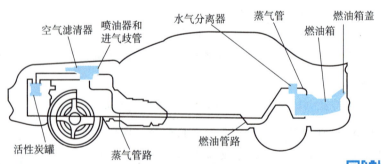

图 6-18 电控 EVAP 控制系统在整车上的典型布置

有些发动机上的 EVAP 系统不采用 ECU 控制,即真空控制阀与进气管之间的真空管路中不安装受 ECU 控制的电磁阀,真空控制阀的开度直接由真空度控制,真空管口设在靠近节气门全闭位置的上方。当发动机转速一定时,随发动机负荷(节气门开度)

资源 6-18 活性炭罐的安装位置

的增大，真空管口处的真空度增加，真空控制阀的开度增大；随发动机负荷减小，真空控制阀开度也减小。

图6-19为韩国现代轿车装用的电控EVAP系统，活性炭罐上不设真空控制阀，而是将受ECU控制的电磁阀直接装在活性炭罐与进气管之间的吸气管中。ECU根据节气门位置传感器、冷却液温度传感器和进气温度传感器信号控制电磁阀的通电或断电，电磁阀控制活性炭罐与进气管之间的吸气通道。发动机怠速（进气量较少）或温度较低时，ECU使电磁阀断电，关闭吸气通道，活性炭罐内的燃油蒸气不能被吸入进气管。

资源6-19 活性炭罐的连接位置

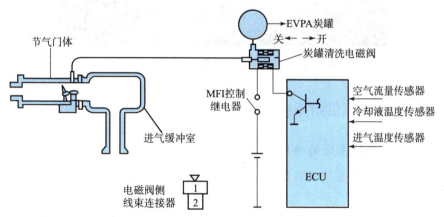

图6-19 韩国现代轿车装用的电控EVAP系统

应用案例6-3

奥迪燃油蒸发排放控制系统故障案例

【案例概况】

一辆行驶了83 000 km的国产1.8T C5A6奥迪，有时加油耸车，且车内的汽油味比较大。

【案例解析】

首先，对发动机电动控制系统进行计算机检测，无故障记忆。根据车内汽油味比较大的故障现象，分析了活性炭罐系统。检查炭罐系统的管路，很快发现了故障原因，如图6-20所示的管路处与活性炭罐和电磁阀相连，当该处与车身摩擦导致破损漏气，直接造成活性炭罐中的汽油蒸气排入大气中，造成车内汽油味大。并且当发动机ECU控制电磁阀工作的同时是减少喷油量的，而这时由于该处漏气，造成进入发动机进气道的是空气而不是燃油蒸气，势必会造成发动机混合气过稀，从而导致不定时的耸车现象。重新处理该管路磨损处后试车，故障现象排除。

图 6-20　燃油蒸气管路与车身摩擦导致破损

6.1.4　二次空气供给系统

1．二次空气供给系统的功用

虽然二次空气供给系统有各种各样的结构，但其功用基本相同，即将一定量的新鲜空气经空气喷管喷入排气管或催化转化器，使废气中的 CO 和 HC 进一步氧化或燃烧成为 CO_2 和 H_2O，以减少 CO 和 HC 的排放。为了区别发动机的正常进气，把这种将新鲜空气喷入排气管的过程称为二次空气喷射。二次空气喷射是减少污染物排放的最早使用的办法，在采用催化转化器以后，这一方法仍然采用。

2．二次空气供给系统的控制方法和工作原理

二次空气供给有 2 种方法：一种是使用空气泵系统，即利用空气泵将压缩空气导入排气系统；另一种方法是使用脉冲空气系统，即利用排气压力将空气导入排气系统。

1）空气泵系统

图 6-21 为电子控制空气泵二次空气喷射系统，它由空气泵、旁通线圈及旁通阀、分流线圈及分流阀、空气分配管、空气喷管和单向阀等组成。空气泵通常由发动机驱动，空气泵产生的空气称作二次空气。在分流阀与排气道之间以及分流阀与催化转化器之间均装有单向阀，以防止废气进入二次空气喷射系统。分流线圈及旁通线圈由发动机 ECU 控制，当接通发动机点火开关之后，电源电压便施加到两个线圈的绕组上，ECU 通过对每个绕组提供搭铁使线圈通电。

资源 6-20　电子控制空气泵二次空气喷射系统的分布

当发动机起动之后，ECU 不使旁通线圈和分流线圈通电，于是这两线圈同时把通向旁通阀和分流阀的真空隔断,这时空气泵送出的空气经旁通阀进入大气。这种状态称作起动工作状态,其持续时间的长短取决于发动机的温度。如果发动机温度很低,起动工作状态将持续较长时间。

发动机在预热期间,ECU 同时使旁通线圈和分流线圈通电。这时进气管真空度分别经旁通线圈和分流线圈传送到旁通阀和分流阀。空气泵送出的空气,此时经旁通阀流入分流阀,再由分流阀流入空气分配管,最后由空气喷管喷入排气管。

资源 6-21　电子控制空气泵二次空气喷射系统的工作原理

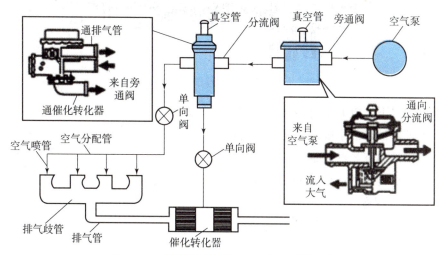

图 6-21　电子控制空气泵二次空气喷射系统

当发动机在正常的冷却液温度下工作时,ECU 只使旁通线圈通电而不使分流线圈通电,通向分流阀的真空度被分流线圈隔断。这时,空气泵送出的空气经旁通阀进入分流阀,再经分流阀进入催化转化器。

2)脉冲空气系统

同空气泵系统相比,脉冲空气系统不需动力源注入空气,而是依靠大气压与废气真空脉冲之间的压力差使空气进入排气歧管,因此,减少了成本及功率消耗。

脉冲空气系统的工作原理和结构组成如图 6-22 所示。空气来自空气滤清器,发动机 ECU 控制真空电磁阀的打开及关闭,电磁阀与单向阀相连。排气中压力是正、负交替的脉冲压力波。当发动机以较低转速运转时,ECU 控制电磁阀打开,进气歧管真空吸起脉冲空气喷射阀的膜片使阀开启,此时由于排气压力为负,空气由滤清器通过脉冲空气喷射阀进入排气口,与排出的 HC 进一步燃烧,故可降低 HC 的排放量;当排气压力为正时,脉冲空气喷射阀内的单向阀关闭,所以空气不会反向流动而返回进气管。由此可见,脉冲式二次空气供给系统,即脉冲空气系统在发动机转速较低时,降低 HC 排放的效果更好。

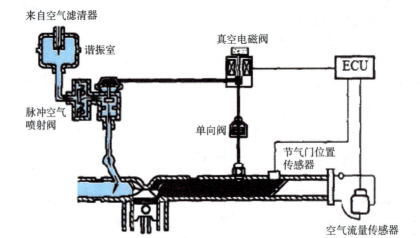

图 6-22 脉冲空气系统的工作原理和结构组成

在下列情况下,ECU 脉冲空气系统的电磁阀通电:
(1)电控燃油喷射系统进入闭环控制;
(2)冷却液温度超过规定范围;
(3)发动机转速和负荷超过规定值;
(4)ECU 发现有故障。

 应用案例 6-4

大众帕萨特轿车二次空气供给故障案例

【案例概况】

一辆行驶里程约 43 000 km,配置 2.0L 发动机的大众帕萨特新领驭轿车。该车由于排放灯点亮多次来站报修。

【案例解析】

首先,读取故障码为 P0411,二次空气系统流量不正确。维修技师检查发现二次空气泵损坏,更换全新的二次空气泵之后,过一段时间后排放灯又再次点亮。经检测依旧是同样的故障码,由此说明上次故障原因并没有找到。

通过故障码来分析问题。二次空气流量不正确,顾名思义就是二次空气系统工作时的空气流量过少或过多,超出了发动机 ECU 认可的范围,因此,发动机 ECU 就报出此故障码。

二次空气系统的工作过程为:当冷车起动时,发动机 ECU 控制二次空气泵供电,二次空气泵运转,输出有一定压力的新鲜空气,通过输出管路供给机械阀,机械阀被有一定压力的气流打开,于是新鲜空气进入排气门后面混合,废气再次燃烧,从而缩短